L'INDIVIDU

DANS LA MÊME COLLECTION

L'INDIVIDU

sous la direction de

Olivier TINLAND

PARIS
LIBRAIRIE PHILOSOPHIQUE J. VRIN
6 place de la Sorbonne, Paris V ͤ

2008

© *Librairie Philosophique J. VRIN,* 2008
Imprimé en France

ISSN 1772-631X
ISBN 978-2-7116-2171-2

www.vrin.fr

AVANT-PROPOS

Chaque volume de la collection « Thema » propose une approche pluraliste d'une notion susceptible d'être mise au programme des enseignements de philosophie générale. Il consiste dans un ensemble limité de contributions vouées chacune à l'analyse et à l'interprétation d'un moment significatif de l'histoire philosophique de cette notion. Afin d'éviter la dispersion des connaissances et d'ouvrir un accès aux doctrines mêmes, aux questions originales qu'elles soulèvent et aux profondes transformations qu'elles font subir à la notion, chaque volume consacre à ces seuls moments forts de larges exposés rédigés par des historiens de la philosophie spécialisés dans l'étude d'une période ou d'un auteur.

Le présent volume est consacré à l'individu. Plutôt que de proposer une perspective historique illusoirement homogène sur cette notion polymorphe et changeante, nous avons choisi de privilégier des « coups de sonde » permettant d'inspecter pour eux-mêmes des tournants décisifs dans l'interprétation et la conceptualisation de celle-ci. C'est ainsi que l'ouvrage s'inaugure par une étude de Laurent Lavaud portant sur les deux stratégies principales pour penser l'individu dans l'Antiquité : d'un côté, la voie platonicienne d'une reconduction des individualités à leur essence, de l'autre la voie aristotélicienne d'une position de l'individu comme substance première. L'intérêt de cette étude est de mettre en évidence la légitimité respective de ces deux approches (d'un côté, un gain épistémologique, de l'autre, un gain ontologique) et l'entrecroisement subtil de leurs enjeux, tout en analysant les problèmes qui découlent de chacune d'elles. Au final, le décalage problématique de l'*ousia* (qu'elle soit entendue comme essence ou comme substance) et de l'existence singulière semble constituer le destin de toute approche philosophique de l'individu.

La grande synthèse de la pensée aristotélicienne, de la philosophie médiévale et du cartésianisme s'accomplit dans la reformulation leibnizienne du problème de l'individuation. Jean-Pascal Anfray montre avec une grande précision comment Leibniz, à l'aide de la notion de point de vue, parvient à articuler une conception « quidditativiste » de l'individuation (visant à ramener l'individu à ses propriétés essentielles) et une explication « haeccéitiste » de celle-ci (insistant sur la dimension primitive et irréductible de l'individu en tant que tel). Dans le leibnizianisme se fait jour une tension entre l'Absolu et l'individu qui structurera pour une large part la séquence philosophique connue sous le nom d'« Idéalisme allemand ». Dans son étude sur la philosophie de l'identité de Schelling, Mildred Galland-Szymkowiak met en évidence la profonde ambiguïté du traitement schellingien de l'individuation : d'un côté, la mise en place d'une philosophie de l'absolu tend à réduire toute singularité au rang de simple non-être ; de l'autre, l'identification de l'absolu et du monde rend possible une véritable réhabilitation de l'existence individuelle, notamment du point de vue de la philosophie de l'art et de la *Naturphilosophie*.

Les tensions entrevues dans le traitement antique puis classique de l'individu se retrouvent pour une large part dans la philosophie contemporaine. Laurent Perreau montre ainsi dans quelle mesure la phénoménologie husserlienne oscille entre une neutralisation de l'individualité factuelle au profit d'une approche eidétique de ses propriétés et une reconstitution génétique de l'individualité subjective entendue comme *ego*, puis comme monade, enfin comme personne. Les grandes catégories métaphysiques permettant d'appréhender l'individu se trouvent ainsi réinvesties à nouveaux frais dans l'édification de la phénoménologie. Cette oscillation entre traitement eidétique et reconstitution génétique prend la forme d'une opposition tranchée dans la pensée de Michel Henry. Olivier Tinland insiste dans l'article qu'il consacre à cet auteur sur le rôle prépondérant de l'affectivité dans l'élaboration d'une phénoménologie matérielle de l'individuation appréhendant celle-ci non pas au niveau mondain des phénomènes, mais à celui, « acosmique », d'une épreuve fondamentale de la vie par elle-même au sein du corps subjectif.

Si le problème de l'individuation est au cœur du projet phénoménologique, il constitue également l'un des thèmes privilégiés de
l'autre grand courant de la pensée contemporaine, la philosophie
analytique. Dans son étude sur Quine, Sabine Plaud s'intéresse aux
conséquences d'une relativisation de l'ontologie sur la réalité de
l'individu : à rebours des approches réalistes de celui-ci, la démarche
quinienne conduit à repenser son statut en fonction des engagements
ontologiques inhérents au schème conceptuel d'une théorie donnée,
par quoi l'individualité rejoint le rayon des « mythes » privilégiés de
notre conception du monde. Dans un esprit différent voire diamétra-
lement opposé à celui de Quine, Strawson privilégie une approche
sémantique et logique du problème de l'individu qui s'appuie sur une
description des traits ontologiques généraux de notre schème ordinaire d'identification des particuliers. Dans l'article qu'il lui consacre,
Ludovic Soutif reconstitue avec minutie la justification du statut
épistémologiquement et ontologiquement paradigmatique des particuliers pour penser l'individualité, tout en élucidant la possibilité éminemment problématique de faire jouer à certains universaux le rôle de
sujet logique, donc d'individu dans un jugement de type prédicatif.

Les problèmes relevant de l'ontologie et de l'épistémologie ne sont
pas sans présenter d'importantes conséquences pour le traitement
moral et politique de l'individu. Dans l'étude finale de ce recueil,
consacrée au débat entre Rawls et les communautariens, Marc-
Antoine Dilhac s'interroge sur l'intérêt et sur les limites des critiques
adressées par ceux-ci à la conception rawlsienne de l'individu. Si de
telles critiques ont le mérite d'attirer l'attention sur les risques inhérents à une compréhension atomiste et « désengagée » des individualités composant les sociétés modernes, elles n'atteignent pas pour
autant le cœur de la *Théorie de la justice*. Bien au contraire, la
distinction rawlsienne entre un moi « inscrit » dans la communauté et
un moi « constitué » par elle permet de maintenir, contre le communautarisme, une distance critique salutaire entre les individus et les
normes communautaires auxquelles ils se conforment. Le libéralisme
politique trouve ainsi dans le contractualisme la figure adéquate d'une
liberté individuelle se détachant de manière réflexive de son contexte
communautaire.

RÉALITÉ, ESSENCE, INDIVIDU
PLATON *VS* ARISTOTE

L'interrogation sur l'individu se situe, dans la pensée grecque, au croisement de deux problématiques : l'une porte sur ce qui est réel et l'autre sur ce qui est pensable. Soit, conformément à ce qui constitue l'une des tendances les plus profondes de la métaphysique, le réel est identifié au pensable, à l'essence intelligible, et l'individu concret, immédiatement perceptible dans sa singularité mais difficilement déterminable par l'intelligence, risque de passer aux oubliettes de l'ontologie. Soit, à rebours, le réel est ramené à la singularité immédiate de l'individu sensible, et la question de son intelligibilité pose d'immenses difficultés. Soit donc purifier le réel de la contingence et du devenir de la particularité pour le rendre transparent à la pensée ; soit tenir fermement la réalité de ce qui s'offre à l'expérience immédiate, au risque d'égarer la pensée dans les méandres de l'existence individuelle.

Ce problème se retrouve dans l'ambiguïté inhérente à l'un des concepts centraux de la métaphysique grecque, à savoir l'*ousia*. On sait que les traducteurs éprouvent les pires difficultés à choisir un équivalent pour ce terme. Deux camps s'opposent généralement : les partisans de la traduction par *essence*, et ceux qui optent pour *substance*. Une telle oscillation est révélatrice. L'*ousia* est ce qui, dans le réel, existe au plus haut point, avec une parfaite densité. Si l'on choisit de traduire *ousia* par essence, on met immédiatement l'accent sur l'intelligibilité de l'être, sur ce qui en lui s'offre à la prise de la pensée. Si l'on prend le parti de *substance*, on oriente la compréhension vers ce qui se tient là, sous les déterminations accidentelles et qui constitue le noyau central, le plus réel, de la chose. L'essence ne retient de l'individualité que ce qui en est intelligible et universellement déterminable, la substance pointe, au cœur de l'individu, ce qui constitue l'assise ferme de toutes les propriétés.

Plusieurs questions se posent à partir de là. Si l'on suit la voie de l'essence, l'*ousia* ne se situe-t-elle pas à distance de l'individualité, et un partage définitif ne s'institue-t-il pas entre l'individu dans son existence la plus immédiate et ce qu'il est vraiment, son essence, qui le surplomberait de haut? Autrement dit, l'essence n'est-elle pas la négation de l'individualité : l'*ousia* ne pourrait apparaître qu'une fois purifié et mis à distance tout ce qui, dans l'être, relève de la particularité individuelle? Pis : l'individu pourrait n'être jamais ce qu'il est, son existence serait placée sous le signe ineffaçable du défaut et de la négativité. L'individu serait alors à envisager comme ce qui est constitutivement en manque d'être. Si, à rebours, on identifie l'*ousia* à l'individu concret, celui-ci reconquiert sa plénitude ontologique : c'est l'être-là singulier, dans sa présence immédiate et réductible à nulle autre, qui peut être dit parfaitement réel. Mais c'est alors l'intelligibilité de cet être qui paraît inaccessible : la multitude foisonnante des déterminations individuelles, et leur perpétuel flux, leur incessant devenir, ne cessent de déjouer la pensée qui ne trouve son élément que dans le stable et le déterminé. La pensée semble être soit trop grossière, trop simplificatrice, pour saisir l'infini émiettement de la diversité individuelle, soit trop lente, toujours en retard sur une réalité en incessant devenir, perpétuellement inégale à elle-même.

On pourrait être tenté d'identifier la première voie, celle de l'essence, au platonisme, et la seconde, celle de la substance concrète, à l'aristotélisme. On va voir cependant qu'une telle opposition trop marquée, en ce qui concerne le rapport entre substance et individu, ne rend pas justice aux subtilités de ces deux écoles de pensée. Le platonisme ne se contente pas de célébrer le culte de l'essence en sacrifiant la réalité individuelle. Et l'aristotélisme ne peut se dispenser de faire appel à des essences (ou à des formes) qui stabilisent d'une certaine façon les substances individuelles, et les rendent ainsi accessibles à la pensée.

PLATON : L'INDIVIDU SÉPARÉ DE SON INTELLIGIBILITÉ

*L'*ousía : *de la question « qu'est-ce qui...? » à la question « qu'est-ce que...? »*

L'un des points d'accès à la recherche philosophique est, dans les dialogues de Platon où l'influence socratique se fait la plus prégnante, le passage de la question « qu'est-ce qui est...? » à la question « qu'est-ce que? ». L'*Hippias Majeur* nous en fournit un exemple canonique. Socrate interroge Hippias sur *ce qu'est* la beauté. Hippias réplique immédiatement : « celui qui interroge me demande qu'est-ce qui est beau (*tí esti kalón*)? - Non, répond Socrate, je ne crois pas. Bien plutôt ce qu'est le beau (*tí esti tò kalón*) » (287d). Et Hippias avoue ne pas voir la différence entre ces deux questions. La preuve en est que dans les répliques qui suivent, il s'obstine : « ce qui est beau, c'est une belle jeune fille » (287e). L'enjeu, qui distingue l'interrogation proprement philosophique, est de passer d'une enquête sur les individus qui possèdent la qualité d'être beau à la recherche de la beauté en elle-même, indépendamment ou, pour ainsi dire, antérieurement à ses manifestations empiriques. Le sens commun, dont Hippias se fait ici la voix, est de collectionner les individus beaux, de sorte à donner une image empirique, une représentation de ce qui est beau. Mais on pourrait multiplier indéfiniment les exemples, sans avancer d'un pouce. La percée décisive ne peut se faire que si l'on passe de la contemplation de la belle jeune fille à l'examen de la beauté qui la rend belle, beauté qui ne se laisse aucunement réduire à l'éclat sensible de son corps. La philosophie exige donc bien un saut de la pensée qui surmonte la particularité et la multiplication indéfinie de l'individuel pour saisir l'unité de l'essence : seul le beau en soi, unique, parfaitement identique à lui-même, peut rendre raison du fait que telle ou telle chose se trouve être belle. L'entrée en philosophie passe donc bien, en un premier temps, par un délaissement de l'individu. Celui qui, à l'instar d'Hippias, se laisse fasciner par les propriétés des corps individuels, qui ne peut se mettre en quête de l'unité première et intelligible par laquelle chaque chose est empiriquement ce qu'elle est, ne saurait penser vraiment la réalité des choses.

Comment tenter dès lors de préciser le statut de cette unité première et intelligible de la beauté? Socrate parle de « beau en soi » (*autò tò kalón*), c'est-à-dire d'une beauté qui n'est pas la propriété d'autre chose qu'elle-même, mais qui doit être saisie directement, dans sa détermination intrinsèque. Le « beau en soi » est beau par lui-même et en lui-même ; la beauté de la belle jeune fille est, d'une part, la beauté *de ce corps individuel*, elle est une propriété d'un sujet qui se distingue d'elle ; et, d'autre part, elle n'est pas belle par elle-même, elle reçoit sa beauté de la forme qui la rend telle. Ce « beau en soi » ne doit cependant pas être confondu avec une notion commune qui serait obtenue par la collection et l'unification de toutes les beautés individuelles : on ne comprend pas, pour Platon, ce qu'est le beau, en faisant un travail intellectuel d'abstraction à partir de la diversité des beautés individuelles (celle d'une belle jeune fille, d'une belle vertu ou d'une belle marmite, selon l'exemple provocateur utilisé par Socrate dans l'*Hippias majeur*). Autrement dit, le beau en soi n'est pas le genre qui serait obtenu par recension et unification des différentes formes de beauté. L'argument principal contre un tel procédé méthodologique est fourni par le fait que le jugement sur le beau est éminemment relatif et culturel. Empiriquement, il n'y a pas de jugement stable et définitif sur la beauté de telle ou telle chose, mais un tel jugement est totalement tributaire de l'opinion commune. Dans l'*Hippias majeur*, le référent premier est le jugement, positif ou négatif, que l'on peut prononcer à propos des choses. Socrate avoue ainsi avoir prononcé des discours où il louait la beauté de certaines choses et blâmait la laideur d'autres. Son auditeur lui pose aussitôt la question cruciale : « d'où sais-tu que de telles choses sont belles ou laides ? » (286d). Dès lors que l'on en reste au jugement simplement empirique sur le beau, on est totalement déterminé par les représentation sociales dominantes, représentations qui sont changeantes, relatives et instables. Le jugement empirique sur la beauté de tel ou tel individu ne saurait donc servir de base stable à une remontée inductive vers ce qui est beau hors du temps, des cultures et des modes. On doit d'emblée se situer au niveau de l'essence, pour ensuite comprendre et saisir ce qui fait la beauté de tel ou tel individu.

Ce qui rend les choses belles reçoit, dans l'*Hippias majeur*, la dénomination d'*ousía* : « si deux choses sont belles c'est par une essence (*ousía*) qui s'attache à chacune d'elles » (302c). La question de la relation entre cette *ousía* et la chose individuelle à laquelle elle

« s'attache » ou « convient » (*hepoménę*), est l'une des plus redou-
tables du platonisme. Il est sûr en tout cas qu'il faut éviter de réifier les
ousiai, d'en faire des super-choses qui redoublent, dans un hypothétique monde intelligible, le monde sensible. L'*ousía* est ce qui, dans la
chose concrète immédiatement perceptible, peut être pensé. Elle est la
dimension intelligible de la chose par opposition à sa dimension
sensible, son *hic et nunc*, qui relève de son existence individuelle.
Ainsi l'*ousía* de la beauté, lorsque l'on regarde telle ou telle jeune fille
particulièrement gracieuse, consiste à penser non pas ce qui fait *cette
beauté* singulière que l'on a devant les yeux, beauté par définition
changeante et relative, mais ce qui à travers l'éclat sensible, ne change
pas et reste identique à soi. Mieux : l'*ousía* du beau est la même, que
l'on s'attache à la beauté de deux jeunes filles très différentes ou à la
beauté d'une marmite. Il n'y a donc pas chez Platon d'*ousía* individuelle, d'essence propre à tel ou tel individu, ou même à telle ou telle
qualité individuelle (par exemple la beauté d'Hélène n'est pas en elle-
même une *ousía* singulière). Pour autant, il ne faut pas instituer un
divorce trop tranché entre les qualités individuelles et les essences
qui leur correspondent. L'*ousía* de la beauté d'Hélène permet bien de
penser quelque chose d'Hélène (et non par exemple de Socrate, connu
pour sa laideur) : elle est ce qui, *en Hélène*, résiste au devenir et au
relativisme des appréciations culturelles, et donne prise à une saisie
intelligible. L'*ousía* ne relève pas d'une simple fuite de la pensée qui
en s'élançant vers l'essence laisserait derrière elle la dépouille de
l'existence individuelle. Elle est ce qui, de l'être individuel concret,
s'offre à la prise et à la détermination de la pensée. Autrement dit,
les *ousíai* ne constituent pas un arrière-monde qui concurrencerait
ce monde-ci, elles sont le noyau de stabilité et d'intelligibilité des
existences individuelles.

La lecture du *Phédon* confirme cette intuition. En un passage
décisif, Socrate distingue ce qui, dans une chose, s'offre à la perception
du corps, et ce qui relève de l'appréhension de la pensée. Il commence
par faire admettre à Simmias l'existence d'un juste en soi, d'un beau
en soi et d'un bon en soi, et il poursuit par l'interrogation suivante :
« Mais ces choses, alors, tu les as saisies par une perception différente
de celles qui ont le corps pour instrument ? Je veux parler de ce qui,
pour chaque chose (par exemple la grandeur, la santé, la force, bref

toutes ces choses sans exception) constitue son essence (*ousías*) : ce que chacune se trouve être. Est-ce par l'intermédiaire du corps que se trouve considéré ce qu'il y a de plus vrai en elles ? » (65d-e). Les qualités énumérées telles que la grandeur, la santé ou la force, sont en premier lieu des propriétés que l'on peut empiriquement appréhender dans les choses. Ces propriétés cependant ont une *ousía*, « ce que chacune se trouve être », qui se distingue de leur existence immédiatement perceptible. Autrement dit, si le corps me permet de percevoir la santé ou la force du corps de Socrate, seule l'âme (et la pensée en elle) est susceptible d'atteindre l'*ousia* de cette santé ou de cette force particulière, ce qui en elle « est le plus vrai ». La fameuse « séparation » platonicienne des êtres intelligibles, contre laquelle la critique aristotélicienne s'est exercée avec tant de vigueur, peut donc ici s'interpréter avant tout comme la distinction, *dans chaque chose*, de ce qui relève de la perception sensible et ce qui s'offre à la détermination intelligible. Un peu plus loin, Socrate recommande de « faire la chasse à ce que chacun des êtres est en lui-même et sans mélange » (66a). Tant que l'âme s'essouffle à penser la chose individuelle telle que la lui présente la perception, elle se perd dans le multiple et se voit contrainte à une perpétuelle contradiction du fait du devenir. Elle ne saurait donc *penser l'individualité sensible en tant que telle*. En revanche, une fois opérée la dissociation de l'*ousía*, de ce qu'est réellement chaque chose, l'être individuel devient pensable, non plus dans sa singularité irréductible, mais dans ce qui, en lui, est toujours égal à soi-même.

La causalité de l'eîdos : structurer le devenir

L'affaire se complique cependant singulièrement dès lors que l'on fait intervenir la notion d'*eîdos*, de Forme intelligible. On peut, en schématisant quelque peu, définir la Forme comme l'être intelligible envisagé du point de vue de la causalité qu'il exerce sur le sensible. Ainsi, dans le *Phédon*, le terme *eîdos* n'intervient qu'à partir du moment où Socrate introduit l'hypothèse de la participation du sensible à l'intelligible (alors qu'auparavant, seul le terme *ousía* se

trouvait mis en avant pour définir *ce qu'est* chaque être) [1]. Cette hypothèse est elle-même amenée dans le cadre plus général de l'enquête à
laquelle se livre Socrate pour rendre raison de l'existences des *phu-
siká*, des choses dans la nature : c'est la puissance causale des Formes
qui doit servir de principe d'explication des déterminations sensibles.
Dès lors cependant que se trouve introduite l'idée d'un rapport de
causalité entre l'intelligible et le sensible, la séparation se fait plus
marquée et plus nettement instaurée entre les deux ordres. Il ne s'agit
certes pas de dire qu'*eîdos* et *ousía* sont des concepts qui, chez Platon,
renvoient à deux types de réalités distincts, mais il s'agit de comprendre que l'*ousía* peut être appelée *eîdos* dès lors que se pose le
problème de la relation entre ce que l'on peut percevoir et ce qu'on
peut penser, entre le sensible et l'intelligible. Pour le dire autrement,
dans la première partie du *Phédon*, l'enjeu était de *séparer* l'*ousía* de
ses différentes manifestations sensibles dispersée entre les individus
(et de démontrer, à partir de cette séparation, que l'*ousía* est l'objet
propre de l'activité de l'âme); dans la seconde, il s'agit d'*établir un
lien* entre l'essence intelligible et les différentes existences sensibles
qui en participent.

Comment alors mieux préciser le rapport entre les individualités
concrètes et les Formes qui exercent sur elles leur puissance causale ?
L'enjeu est d'importance. On sait que l'une des accusations principales portée par l'école aristotélicienne contre les Formes platoniciennes consiste à souligner leur impuissance à penser les réalités
concrètes et leur devenir. Or, dans le *Phédon* précisément, Platon
cherche à montrer l'efficacité de l'hypothèse des Formes pour donner
un sens et une structure aux réalités sensibles, pour pouvoir en penser
et en dire quelque chose dans le *lógos*. On pourrait résumer ainsi la
démarche platonicienne. Les individus sensibles pris dans le devenir
sont en perpétuelle contradiction avec eux-mêmes. Un individu

---

1. Voir sur ce point l'article de M. Dixsaut, « *Ousia, eidos et idea* dans le *Phédon* »,
dans *Platon et la question de la pensée*. *Études platoniciennes I*, Paris, Vrin, 2000, p. 86.
L'ensemble de l'étude permet de clairement distinguer les fonctions philosophiques de
l'*ousia* et de l'*eidos*. J.-F. Pradeau insiste lui aussi sur l'opportunité d'une telle distinction chez Platon : « Les formes et les réalités intelligibles », dans *Platon. Les formes
intelligibles*, J.-F. Pradeau (dir.), Paris, PUF, 2001, p. 17-54.

quelconque peut à la fois être petit et grand (Simmias est plus grand que Socrate, mais il est plus petit que Cébès), être à la fois lent et rapide, lourd et léger, fort et faible... De plus, le devenir rend chaque réalité perpétuellement différente, rien de stable en elle ne s'offre à la saisie du discours. Le *lógos*, qui ne supporte pas la contradiction, ne peut pas suivre : dès qu'une réalité individuelle est fixée dans un énoncé discursif, elle semble immédiatement échapper, et contredire ce qui vient d'être affirmé. Les Formes ont donc pour fonction première, dans le *Phédon*, de rendre possible un discours sur les réalités individuelles. Si un individu peut, de façon contradictoire, être à la fois grand et petit, la Forme du grand n'est, elle, jamais petite, pas plus que la Forme du petit n'est grande (*Phédon*, 102d). Il est par conséquent possible de dire que Simmias participe à la fois à la Forme du grand et à la Forme du petit, sans dire que le grand est petit ou le petit grand. La médiatisation de la Forme annule d'une certaine façon la contradiction, et elle fournit au devenir une intelligibilité : si Socrate devient malade, cela n'enlève rien à l'intelligibilité de ce qu'est être en bonne santé, conféré par la Forme de la santé, ou de ce qu'est être malade, conféré par la Forme de la maladie. Socrate en devenant malade acquiert une nouvelle détermination (qui remplace la détermination « en bonne santé »), ce qui veut dire, traduit dans le langage des Formes, qu'il abandonne la participation à une ancienne Forme, pour participer à une nouvelle, celle de la maladie.

On pourrait objecter que l'hypothèse des Formes ne rend pas intelligible l'individu Socrate en tant que tel, ni les contradictions qui lui sont inhérentes. Ce qu'elle permet de penser sont les différentes qualités que l'on attribue à Socrate dans le discours : ce que veut dire être grand ou en bonne santé... De même, les Formes n'expliquent pas l'origine du devenir sensible ni son fonctionnement. Elles permettent simplement de comprendre s'il est juste de dire que Socrate est en bonne santé, et si l'on peut ensuite affirmer qu'il est malade. On pourrait dire ainsi que Platon ne pense dans le devenir que ce qui ne devient pas, de même qu'il ne retient dans l'individuel que ce qui est universel.

L'objection est en un sens imparable. Mais Platon rétorquerait que penser le devenir ou l'individualité en tant que tels reviendrait à chercher à penser l'impensable. Par ailleurs, l'hypothèse des Formes sert malgré tout à introduire de l'ordre dans le devenir et de la stabilité dans l'existence individuelle. La suite du *Phédon* et la méditation socratique sur ce que l'on a coutume d'appeler les contraires indirects le confirment : toute chose ne peut pas devenir de n'importe quelle façon sans cesser d'être elle-même. Ainsi la neige si elle devient chaude, n'est plus neige, mais eau (*Phédon*, 103d). Si l'on fait intervenir les Formes, cela signifie que la neige participe non seulement à la Forme de la neige, mais aussi à une autre Forme qui lui est essentiellement liée, qui est la Forme du froid. On peut dire ainsi que la Forme du chaud est le contraire indirect de la Forme de la neige, puisque la Forme de la neige est essentiellement et directement liée à la Forme du froid, dont le contraire est le chaud. Ce qui se traduit, au niveau du sensible : la chaleur n'est pas le contraire direct de la neige, mais en recevant la chaleur, son contraire indirect, la neige cesse d'être elle-même. La théorie des Formes permet donc de donner une structure stable à la chose et de poser une limite au devenir : une chose ne peut pas continuer à devenir en recevant une propriété contraire à sa propriété essentielle, car si cela arrive, elle est détruite. Ici se trouve amorcée une distinction cruciale, qui annonce certaines analyses aristotéliciennes : toutes les propriétés d'une chose ne peuvent être mises sur le même plan. Certaines qualités que l'on peut appeler essentielles, sont tellement liées à la chose qu'elle ne peut les perdre sans se perdre elle-même. Toutes les autres propriétés peuvent se succéder dans la chose ou sur elle, mais ces propriétés essentielles ne peuvent entrer dans le devenir sans entraîner la destruction de la chose. Or ce sont les Formes intelligibles qui permettent d'établir la distinction entre les propriétés essentielles et les propriétés contingentes : c'est parce que la Forme de la neige est essentiellement liée à la Forme du froid que la propriété « froide » est inséparable du corps sensible « neige ». Ou, pour le dire autrement, on ne peut penser l'essence de la neige, ce qu'elle est en vérité, sans penser aussi le froid : l'intelligibilité de la première est indissolublement liée à l'intelligibilité du second. En revanche, que la neige prenne la forme d'un bonhomme ou d'un carré n'apporte rien à son intelligibilité.

On peut donc distinguer deux moments dans l'analyse du rapport entre les individus et les Formes. Dans un premier moment, Platon déporte l'intelligibilité de l'individu vers ses qualités constitutives : si l'individu Socrate n'est pas en lui-même intelligible parce qu'il peut recevoir deux déterminations contradictoires, à savoir par exemple qu'il est à la fois grand et petit, cela ne veut pas dire que le grand en lui puisse être dit petit (*Phédon*, 102d), mais qu'on pense successivement sa grandeur et sa petitesse (ou, dans le langage des Formes, qu'il participe successivement à la Forme du grand et à la Forme du petit). La contradiction concerne donc exclusivement l'individu, et non les qualités que la pensée lui attribue. Dans un second moment, l'analyse se complexifie : l'individu ne peut pas recevoir sans distinction toutes les qualités contradictoires, mais certaines qualités essentielles résistent à l'advenue de leur qualité contraire (ou si cette advenue se fait, l'individu disparaît au profit d'un autre : le morceau de neige chaud devient de l'eau). L'individu en participant à telle ou telle Forme intelligible (tel morceau de neige en participant à la Forme de la neige) reçoit ainsi une structure et une stabilité : le partage se fait ainsi, au cœur de la réalité individuelle, entre ce qui est une détermination essentielle et ce qui est une propriété contingente et accessoire.

ARISTOTE : L'INDIVIDU AU CŒUR DU RÉEL

Une voie se trouve ainsi ouverte vers ce qui constitue la distinction centrale de la philosophie aristotélicienne : la frontière, au centre de l'individu, entre la forme et les accidents. On ne peut nier cependant que de la pensée platonicienne de l'individu à celle d'Aristote, l'accent se trouve considérablement déplacé. L'intuition centrale de l'ontologie d'Aristote est de recentrer l'*ousía* sur l'individu, sur la réalité concrète, immédiatement perceptible de tel ou tel être. *Ce qu'est une chose* pour Aristote, n'est plus la réalité toujours identique à elle-même, l'essence intégralement intelligible qui se partage entre une multiplicité d'individus. Mais c'est le « ceci », le *tóde ti*, qui s'impose à la pensée dans sa présence immédiate. À ce premier niveau, l'opposition entre platonisme et aristotélisme ne saurait être prise à la légère. Avec Aristote, l'individu dans son immédiateté la plus concrète se trouve placé au cœur de l'investigation philosophique.

L'ousía *ou le noyau de l'être*

Cette existence individuelle constitue l'unité ontologique fondamentale, « ce qui est » au sens plein et premier du terme. Pour dégager l'*ousía*, Aristote commence par l'épurer de ce qu'elle n'est pas. Ainsi les qualités d'un corps, et tous les accidents qui peuvent dits être *en lui*, mais ne peuvent subsister séparément, ne sont pas réels au sens plénier. L'une des définitions possibles de l'*ousía* est précisément qu'elle existe par elle-même, qu'elle ne se trouve dans aucun sujet. Les qualités de Socrate, sa taille, sa corpulence, la forme de son visage existent certes d'une certaine façon, ils ne sont pas de purs non-êtres, mais ils n'existent que par l'*ousía* de Socrate, par ce qui en lui est le sujet et le support premier de toutes ses déterminations. Autrement dit, les accidents sont bel et bien, mais ils ne sont que par leur relation à l'*ousía*, par une sorte de contamination ontologique. Par ailleurs, les représentations conceptuelles générales qui permettent de dire quelque chose de Socrate ne sauraient pas non plus revendiquer le titre d'*ousía*. Lorsqu'on dit « Socrate est un homme » ou « ceci est une pierre », « homme » et « pierre » sont des concepts généraux et abstraits, qui, sans doute ne sont pas rien, mais qui n'existent pas non plus avec la densité d'une *ousía* concrète. Et ce qui est vrai de l'attribut « homme » l'est aussi de l'attribut « blanc », qui, en tant qu'observable empiriquement pourrait pourtant sembler plus proche de l'individualité concrète de Socrate. Mais « blanc » considéré comme un prédicat isolé de son sujet, n'a à son tour d'existence qu'idéelle et représentative. Ni donc les qualités physiques empiriquement observables, ni les prédicats logiquement attribuables à Socrate ne sauraient revendiquer le titre d'*ousía* : « L'*ousia* au sens le plus fort, premier et principal, est ce qui ne se dit pas d'un sujet, ni n'est dans un sujet, par exemple un homme ou un cheval individuel » (*Catégories*, 2a11-14). On remarque le caractère d'emblée problématique de la définition de l'*ousia* : Aristote ne peut l'approcher de prime abord que de façon négative, en disant ce qu'elle n'est pas. Mais les acquis de cette définition, pour négatifs qu'ils soient, demeurent précieux : l'exclusion des prédicats intelligibles, en particulier, est lourde de conséquences, puisque les catégories conceptuelles générales telles que « homme » sont l'équivalent aristotélicien des Formes platoniciennes. Ce que l'on peut penser d'une chose individuelle, loin de constituer ce qu'elle est, d'occuper la place de l'*ousía*, ne prend dans la philosophie aristotélicienne que le statut d'une quasi-existence.

La critique du platonisme

Il faut, pour saisir ce point décisif, rappeler les grandes lignes de la critique aristotélicienne des Formes platoniciennes [1]. L'*eîdos* platonicien présente aux yeux d'Aristote différents caractères contradictoires. En premier lieu, elle se trouve séparée des réalités individuelles, puisque cette séparation est condition de sa parfaite intelligibilité, mais en même temps, elle a pour fonction d'agir sur le devenir sensible, c'est-à-dire d'une certaine façon d'être présente dans les choses. Aux yeux d'Aristote, Platon n'a pas su choisir : si les Formes sont intégralement intelligibles du fait de leur séparation, il est vain de vouloir revendiquer pour elles une quelconque action causale sur le devenir des réalités individuelles. Par ailleurs, si l'on peut prédiquer le terme « homme » aussi bien des hommes sensibles individuels que de la Forme intelligible de l'homme, ce prédicat « homme » aura une existence singulière, qui ne se réduira ni à celle des individus humains, ni à la Forme de l'homme, et il constituera ainsi un « troisième homme », susceptible à son tour de recevoir un prédicat [2]. De sorte que l'on doit aller ainsi à l'infini, sans pouvoir atteindre un terme ultime d'intelligibilité de ce qu'est l'homme. Enfin, et c'est là peut-être l'argument le plus fondamental, la Forme platonicienne présente deux déterminations contradictoires : d'une part, elle est universelle (*kathólou*), elle s'applique à une multitude d'existences particulières ; d'autre part, elle a une existence séparée et subsistante en elle-même (*autà kath' autá*). Or, selon Aristote, il ne saurait y avoir d'*ousía*

---

1. Les principaux arguments de cette critique sont exposés en *Métaphysique*, A, 9, 990a34-991b9, M, 4, 1078b31-1079b3 et M, 5, 1079b12-1080a11. Voir aussi le *De ideis*, œuvre de jeunesse d'Aristote dont de larges fragments ont été reproduits dans le commentaire d'Alexandre d'Aphrodise à la *Métaphysique*, D. Harlfinger (ed.), dans W. Leiszl, *Il De ideis di Aristotele e la teoria platonica delle idee*, Florence, Olschki, 1975, p. 17-39.

2. Il ne s'agit là que d'une nouvelle version de l'argument du « troisième homme » déjà exposé par Platon dans le *Parménide*.

universelle : il n'y a de réel qu'individuel. Et inversement, ce qui est universel ne peut avoir d'existence indépendante et séparée.

On voit que le rapport entre *ousía* et individu est au cœur de la critique aristotélicienne de Platon. Si l'*ousía* est ce qui définit en propre un individu, ce qui en lui existe au plus haut point, comment un prédicat universel, qui par définition se partage entre une multitude de réalités, pourrait-il constituer ce qu'il y a de plus réel en lui ? Il ne saurait s'agir que d'une abstraction, loin de la réalité concrète de l'être, de ce qu'il est en propre de façon irréductible, qu'Aristote désigne par l'expression *tóde ti*. On peut se demander toutefois si la compréhension aristotélicienne de l'*eîdos* (et, solidairement, de l'*ousía*) atteint le sens propre que Platon donne à ces termes. D'une certaine façon, Aristote comprend l'*eîdos* platonicien comme une sorte de super-individu, de substance supérieure, qui conjugue en elle la pleine réalité singulière qu'Aristote réserve aux individus concrets, et le caractère de l'universalité, la capacité à être participée par une multitude d'êtres. Ainsi envisagée, la contradiction paraît insurmontable. Mais l'*eîdos* platonicien n'est pas ce sujet ultime, cette substance transcendante, qui redoublerait sur un mode supérieur et parfaitement unifié l'existence concrète sensible (car, comme le démontre l'argument du troisième homme, un tel redoublement ne pourrait aller qu'à l'infini). L'unité de l'*ousía* n'est pas pour Platon celle de l'existence d'une chose, mais elle est une unité intelligible, qui rend pensable et déterminable le *tóde ti*, l'individu immédiatement présent à la perception. De ce que les Formes platoniciennes sont parfaitement déterminées, réductibles à nulle autre, on ne peut déduire leur statut de sujet individuel supérieur, de choses à la puissance deux. La lecture du *Parménide* le montre suffisamment, avant toute critique aristotélicienne : dès lors que l'on réifie les Formes, on ne peut que tomber dans l'aporie. Ce qui veut dire aussi, à l'encontre d'Aristote, que la Forme platonicienne ne saurait être un sujet susceptible de recevoir des prédicats qui en préciseraient la détermination. Les Formes ne sont pas non plus des individus, ayant des caractères communs, appartenant à la classe « Forme », individus qui se différencieraient par des qualités singulières. On ne peut tenter de saisir l'*eîdos* platonicien que si précisément on le distingue du mode d'existence des *ousíai* singulières appréhensibles par la perception, ce qu'Aristote refuse de faire.

L'*ousía* platonicienne est, une nouvelle fois, ce qui, *de la chose*, est parfaitement pensable, appréhensible par l'intelligence, en restant éternellement identique à soi. L'*ousía* du beau n'est pas une super-chose belle, elle est cette essence qui rend possible de comprendre *ce que c'est qu'être beau* pour tous les individus sensibles.

Le feuilleté ontologique de la réalité individuelle

Revenons-en cependant à l'articulation proprement aristotéli-cienne de l'individualité concrète et de l'*ousía*. Une fois éliminés les qualités accidentelles et les prédicats logiques, il reste à déterminer l'unité ontologique fondamentale qui constitue la réalité la plus propre de l'individu, ce qui, comme on va le voir, ne va pas sans difficulté. Si l'on suit jusqu'au bout la logique purificatrice selon laquelle toutes les qualités accidentelles d'un individu donné doivent être expulsées hors de son *ousía*, on se retrouve avec un substrat pur, *hypokeímenon*, qui, littéralement, se tient « sous » les propriétés de l'individu. Ce substrat ultime est ce qu'Aristote désigne par le concept de *húlē*, de « matière ». Celle-ci peut-elle alors revendiquer le titre de réalité la plus ferme et la plus solide de l'individu, en tant qu'elle en constitue le « fond » ultime ? Le paradoxe ne serait pas mince qui donnerait pour fondement réel à l'individu ce qui en lui est le moins individuel : la matière est totalement indéterminée, indifférenciée, rien d'essentiel en elle, ni de singulier. Aussi Aristote, récuse-t-il l'idée, dans le livre Z de la *Métaphysique*, que la matière soit l'*ousía* réelle de l'individu : « il est impossible que la matière soit substance car le caractère séparé et l'individualité semblent appartenir en propre à la substance » (1029a 27-28). La matière n'est pas « séparée », puisqu'elle existe nécessai-rement *dans* la chose, et elle n'a rien d'individuel, d'un *tóde tì*, puisqu'elle est totalement indéterminée. On en revient alors à l'aporie première, formulée avec acuité par Aristote lui-même : « si la matière n'est pas l'*ousía*, il nous échappe quelle autre chose le sera. Car une fois supprimées toutes les autres choses (*i.e. tous les accidents*), il ne reste rien » (1029a10-12). Si l'on mène l'enquête sur l'individu en suivant le fil de la sub-stance, du sujet ultime qui est le support de toutes les déterminations, on débouche sur une aporie : rien de moins individuel que ce qui, en chaque chose, constitue le fond supportant tous les accidents.

Il faut donc freiner l'élan qui fait table rase de toutes les qualités individuelles pour tenter d'opérer un tri parmi elles, et de réintégrer dans l'*ousía*, certaines qualités plus essentielles, plus proches du noyau ultime de l'être individuel : pour désigner ces déterminations essentielles, Aristote reprend le terme platonicien d'*eîdos*. La forme est ce qui donne son intelligibilité à la chose, ce qui lui offre ce qu'elle a à être, *tò tí ên eînai*, que l'on a coutume de traduire par *quiddité*. Mais l'ambiguïté de l'*ousía* ne fait par là que s'approfondir : est-ce le composé concret de forme et de matière qui doit revendiquer le titre d'*ousía*, d'être le plus réel, ou est-ce la forme par laquelle l'individu est pensable, accessible à la pensée ? On est ici reconduit à l'aporie que l'on relevait dès le départ. Si l'*ousía* est le composé, l'individu concret qui nous fait face dans sa détermination la plus essentielle, on rejoint l'intuition du sens commun qui assimile le réel à la concrétude de l'existant immédiatement perceptible. Mais dans le composé, la matière, indéterminée, brouille l'intelligibilité : n'y a-t-il pas un écart irrémédiable entre l'individu Socrate et ce qui constitue sa forme essentielle, la forme de l'homme ? Socrate est certes *un* homme, mais il n'est pas *l'*homme : on ne peut pleinement comprendre ce que c'est qu'être un homme, si l'on se contente d'observer empiriquement cet homme particulier qu'est Socrate. Entre l'individu et la forme, l'écart reste irréductible, du fait de l'influence indéterminante de la matière. Si en revanche l'*ousía* est la *forme*, ce qui assure à l'individu sa pure intelligibilité, qui lui donne sa quiddité, les exigences de la pensée se trouvent certes parfaitement satisfaites, mais on s'éloigne dangereusement de l'intuition première d'Aristote : à savoir que c'est dans l'individualité que se trouve concentrée la plénitude du réel. Si l'*ousía* se trouve rabattue du côté de l'*eîdos*, ce n'est plus l'individu immédiat qui est pleinement réel, mais ce qui, en lui relève de l'intelligibilité. L'individu sensible, en tant qu'il n'est pas parfaitement identique à son *eîdos*, n'est pas *ce qu'il est*.

Ne se trouve-t-on pas alors reconduit aux difficultés inhérentes à l'articulation platonicienne entre l'*ousía* et l'individualité ? Il semble qu'Aristote soit en un sens beaucoup plus profondément tributaire du platonisme que ce que sa vigoureuse critique des Formes et le recentrage de son ontologie sur la réalité individuelle laissaient immédiatement entrevoir[1]. Il reste que la forme aristotélicienne ne peut être confondue avec l'*eîdos* platonicien, qui existe en lui-même et par lui-même et de façon indépendante de l'individualité sensible. La forme est en revanche inséparable de l'individualité concrète pour Aristote : seule la pensée peut procéder à une séparation logique, mais non réelle, de l'*eîdos*. L'humanité de Socrate, qui constitue sa forme, sa quiddité, n'est pas une réalité séparée ou transcendante qui serait présente en Socrate, et lui donnerait une existence humaine. L'humanité n'est rien hors de l'individu Socrate, elle est la manière d'être la plus essentielle, la plus réelle de l'individu Socrate. Et si l'on précise encore quelque peu les choses, puisque c'est l'usage de la raison qui définit la différence spécifique de l'homme, c'est dans l'exercice de sa pensée rationnelle que Socrate se tient au plus près de ce qu'il est vraiment[2].

Il reste que l'individu ne se limite pas à ce qui en lui définit sa quiddité, à sa forme la plus essentielle. L'individu ne fait pas que raisonner, il sent, il éprouve des affections, il est en mouvement ou en repos... En un premier moment, le verdict aristotélicien concernant la somme indéfinie, innombrable des attributs accidentels est sans appel : il n'y a de science que de l'essence et de la quiddité, ou de l'universel, mais non du particulier (voir par exemple *Métaphysique*, K, 1059b26 ; voir aussi Z, 15, 1039b28 : «des êtres sensibles individuels, il n'y a ni définition ni démonstration puisque ces êtres ont une matière dont la nature est d'être ou n'être pas»). Le discours est immédiatement débordé par le foisonnement des propriétés qui circonscrivent l'individu (et qui ne le circonscrivent que de façon provisoire, puisque ces propriétés sont en devenir perpétuel). Le savoir doit donc

1. P. Aubenque insiste de façon convaincante sur cette relative dépendance d'Aristote à l'égard du platonisme dans *Le problème de l'être chez Aristote*, Paris, PUF, 4e éd., 1977, p. 475.

2. Ce qui ne saurait signifier que l'individu Socrate peut être plus ou moins homme, selon qu'il exerce ou non sa raison. Comme le précisent les *Catégories*, I, 5, 3b-4a, «une homme n'est pas plus vraiment homme à un certain moment qu'il ne l'était avant. [...] La substance n'admet aucune variation de degré». En revanche, en dehors de la raison propre à Socrate (ou à Callias, ou à n'importe quel autre individu), l'essence de l'humanité ne trouve aucune réalité effective.

adopter une position de repli où il retrouve une forme de stabilité dans la chose, en n'en retenant que ce qui en elle est général, c'est-à-dire attribuable à l'espèce. Aristote ne s'en tient pourtant pas à ce roc ontologique de l'*eîdos*, de la forme essentielle, pour définir ce qui fait la réalité d'un individu. Certains accidents de Socrate sont moins éloignés de son essence que d'autres, ils sont moins contingents ou moins volatiles que d'autres propriétés. Ainsi en va-t-il de ce qu'Aristote appelle les « attributs par soi » (*sumbebekòs kath' autó*). L'exemple canonique de l'attribut par soi est donné en *Métaphysique*, Δ, 30 : il s'agit par exemple de la propriété qu'ont les angles d'un triangle d'être égaux à deux droits. Une telle propriété n'entre pas dans la définition du triangle, elle ne définit pas ce qu'il est ; mais il n'en demeure pas moins qu'elle accompagne immanquablement tous les triangles existants. L'attribut par soi « appartient à chaque individu » sans être, à proprement parler, « dans son *ousía* » (1025a31-32). Si l'on considère par conséquent, la réalité d'un individu donné, on se trouve face à un feuilleté ontologique que l'on peut décomposer ainsi : le noyau substantiel premier est constitué par le composé de la matière et de la forme : c'est là ce qui définit son *ousía* ; viennent ensuite les « attributs par soi », toutes les qualités qui accompagnent nécessairement l'*ousía* individuelle (il n'y a ainsi aucun triangle qui n'ait la propriété d'avoir la somme de ses angles égale à deux droits) ; enfin, apparaissent les attributs véritablement accidentels, c'est-à-dire qui peuvent, de façon contingente, accompagner ou non l'*ousía* individuelle. L'individu n'est donc pas un simple amas de qualités confuses et indistinctes[1], mais il a une structure intérieure selon laquelle se distribuent différents niveaux de réalités et d'intelligibilité. Plus on s'éloigne du noyau ontologique de l'*ousía*, plus les qualités individuelles perdent en intelligibilité[2].

Les philosophies platonicienne et aristotélicienne entretiennent, en ce qui concerne la question de l'individualité, des rapports

---

1. Plotin définit ainsi l'*ousía* sensible comme un « amas de qualités et de matière » (*Ennéades*, VI, 3 (44), 8, 20).

2. Pour une claire exposition des rapports entre l'*ousía*, la quiddité et les différents types de qualité qui déterminent la substance, voir A. Jaulin, *Aristote. La métaphysique*, Paris, PUF, 1999, p. 38-63.

beaucoup plus subtils et complexes que ce qui pourrait apparaître au premier abord. On peut certes dégager, pour l'une et pour l'autre pensée, des lignes de force distinctes. Platon pose comme critère absolu de l'être, son intelligibilité : ce qui est, c'est ce qui est pensable. L'individu se trouve ainsi épuré de tout ce qui en lui, dans son existence concrète, ne relève pas du pensable : sa dimension sensible, son devenir, les contradictions qui lui sont inhérentes… Aristote, quant à lui, se révèle immédiatement soucieux de situer le réel dans l'individualité concrète. Ce qui est, c'est ce qui est immédiatement là, dans une présence singulière. Et la question de l'intelligibilité de l'être, pour importante qu'elle soit, n'apparaît que secondaire par rapport à cette intuition fondatrice.

Pour autant, les positions respectives des deux philosophes sont moins monolithiques et figées qu'il n'y paraît. L'*ousía* platonicienne, lorsqu'elle revêt la fonction d'*eîdos*, c'est-à-dire lorsqu'elle assume une fonction causale par rapport aux déterminations de la chose sensible, permet de structurer l'individualité concrète et de stabiliser le devenir en lui conférant une forme d'intelligibilité. Les analyses du *Phédon* le montrent : en participant aux Formes, la chose individuelle acquiert une sorte d'identité à soi, définie par des qualités essentielles, qu'elle ne saurait perdre sans cesser d'être elle-même. La philosophie platonicienne, en faisant le partage au cœur de la chose entre propriétés essentielles et propriétés contingentes, donne une stabilité et une intelligibilité à l'existence individuelle qui préfigurent certaines analyses aristotéliciennes.

À rebours, la philosophie aristotélicienne ne s'en tient pas au geste qui centre l'*ousía* sur le *tóde ti*, sur l'individu singulier. Car dès lors que l'on creuse la possibilité d'un savoir de l'individuel, on débouche très vite sur la même aporie que celle rencontrée par Platon : les déterminations propres à l'individu concret sont trop foisonnantes, contingentes et changeantes pour être objet d'un savoir stable et défini. Il faut donc faire retraite vers ce qui, dans l'individu, demeure stable et unifié, cette essence, *eîdos*, qu'il partage avec tous les membres de l'espèce. Comme l'avait fait Platon avant lui, Aristote retient comme critère de l'intelligibilité l'identité à soi, qui s'oppose au devenir, et l'unité, qui s'oppose à la multiplicité des déterminations individuelles. Il y a donc bien, dans l'ontologie aristotélicienne, une tension interne entre le *tóde ti*, l'existence individuelle immédiate, et le *tò tí ên eînai*, la quiddité, qui est le noyau intelligible de la chose. L'individu n'est pas *ce qu'il est*, au sens où il déborde son *ousía*, et que tout dans ce débordement des propriétés individuelles n'est pas saisissable dans la pensée.

L'écart entre l'individu et l'essence reste au cœur de la métaphysique aristotélicienne comme elle était déjà centrale dans la métaphysique platonicienne. L'*ousía* est cependant clairement détachée de l'existence individuelle par Platon, elle reste préservée dans une identité à soi qui en garantit la plénitude ontologique et l'intégrale intelligibilité. En revanche, la quiddité de l'individu aristotélicien n'a pas d'existence indépendante ou séparée. Le *tò tí ên eînai* est intérieur à l'individu, mais il ne s'y identifie pas : l'individu dans l'exubérance de ses qualités, dans le flux ininterrompu de ses différentes déterminations, reste séparé de lui-même, à l'écart de sa propre forme essentielle.

Cette différence de situation de l'*ousía* commande des visions distinctes de l'accomplissement individuel. L'âme platonicienne ne parvient à entrer en possession d'elle-même qu'en partant en quête de l'*ousía*, en saisissant l'intelligibilité d'un être avec lequel elle entretient un lien de parenté (*Phédon*, 79d3). C'en est dès lors fini, nous dit le *Phédon*, de l'errance de l'âme : dans l'exercice accompli de la pensée, c'est-à-dire dans l'appréhension de l'*ousía*, elle rejoint son identité la plus propre. L'individu aristotélicien s'accomplit certes lui aussi dans l'exercice du *lógos*. Mais par l'activité rationnelle, il se tient au plus près d'une *eîdos* qui le détermine pour ainsi dire de l'intérieur : il se rapproche de ce qui exerce sur lui l'empire d'une cause finale, à savoir la forme de l'humanité. L'âme, pour Platon, accède à sa propre *ousía* en exerçant la pensée, mais cette *ousía* ne s'identifie pas à l'espèce humaine. En pensant, d'une certaine façon, l'âme dépasse l'humain, qui se définit par l'assomption de la corporéité sensible. En revanche, le plein accomplissement de l'âme est pour Aristote déterminé par la forme de l'humanité : une âme ne saurait jamais être « trop humaine ».

Laurent LAVAUD
Professeur en Lettres Supérieures (Montpellier)

CONCEPT ET POINT DE VUE
LEIBNIZ SUR L'INDIVIDUATION

Le monde selon Leibniz est exclusivement composé d'individus : « tout être [est] réellement un individu » (TLM 211[1]). Il s'agit des substances individuelles puis des monades. La terminologie varie selon l'époque, mais l'idée reste la même : ce qui n'est pas un individu n'est pas réellement un être. L'individualité et l'unité de tout être réel est à ce point fondamentale que Leibniz la tient pour un principe de sa métaphysique : « je tiens pour un axiome cette proposition identique qui n'est diversifiée que par l'*accent* : *que ce qui n'est pas véritablement* un *être n'est pas non plus véritablement un* être » (*à Arnauld*, 30 avril 1687, GP II, 97).

Dire cela ne suffit pas cependant à expliquer *ce qu'est* un individu. Le problème de l'individuation consiste à expliquer ce qui fait que tel objet est cet objet singulier et nul autre. On pourrait appeler cela un fait de l'individualité : par exemple, que Leibniz soit cet individu et Arnauld tel autre individu. Ces faits sont-ils irréductibles, ou bien

---

1. TLM = *Recherches générales sur l'analyse des notions et des vérités et autres textes logiques et métaphysiques*, Paris, PUF, 1998 ; C = *Opuscules et fragments inédits*, L. Couturat (éd.), Paris, Alcan, 1903 ; F = *Discours de métaphysique* (*DM*) *suivi de Monadologie* (*M*) *et autres textes*, M. Fichant (éd.), Paris, Gallimard, 2004 ; Frémont = C. Frémont, *L'être et la relation. Avec trente-cinq lettres de Leibniz au P. Des Bosses*, Paris, Vrin, 1981 ; GP = C.I. Gerhardt, *Die Philosophischen Schriften von G.W. Leibniz*, Hildesheim, Olms, 1965 (7 vols.) ; Gr = *Textes inédits*, , G. Grua (éd.), Paris, PUF, 1948 (2 vols.) ; LC = *Correspondance Leibniz-Clarke*, A. Robinet (éd.), Paris, PUF, 1957 ; NE = *Nouveaux Essais sur l'entendement humain*, J. Brunschwig (éd.), Paris, GF-Flammarion, 1990 ; T = *Essais de Théodicée*, J. Brunschwig (éd.), Paris, GF-Flammarion, 1969.

dépendent-ils de faits plus fondamentaux ? Supposons que nous disposions d'une description exhaustive du monde, description qui contiendrait des termes généraux (par exemple « être un homme », « être théologien »), mais pas des termes singuliers (des expressions contenant des noms propres ou des démonstratifs, comme « né à Leipzig » ou « janséniste »). Cette description d'un monde composé exclusivement de propriétés qualitatives permet-elle de déduire quels individus existent ? Autrement dit, les propriétés qualitatives suffisent-elles à déterminer les faits de l'individualité ?

Si elles sont insuffisantes, c'est que l'individuation implique la présence d'une propriété singulière irréductible : l'*haeccéité* de l'individu, ou encore la « différence individuelle », en référence à Jean Duns Scot[1]. Celle-ci est un composant métaphysique premier, inanalysable et surtout irréductible à tout concept descriptif (ce que Duns Scot appelle une forme ou une quiddité). Antoine Arnauld est cet individu parce qu'il possède différentes propriétés spécifiantes, le fait d'être un animal, d'être rationnel, etc. Mais la différence individuelle, l'*haeccéité*, par laquelle il est un individu et non une entité générale est une propriété *sui generis* qui n'équivaut à aucun contenu descriptif. Selon Duns Scot, il s'agit d'une propriété primitive, c'est-à-dire inanalysable et irréductible, une propriété « sans qualités » en quelque sorte. Cette conception de l'individuation est *haeccéitiste*.

Si au contraire les propriétés qualitatives suffisent à déterminer les faits de l'individualité, cela signifie qu'un individu est d'une certaine façon définissable par ses propriétés. Bien que nos procédures d'identification reposent sur l'usage de termes singuliers, une description métaphysiquement adéquate du monde pourrait s'en passer. En reprenant la terminologie de Duns Scot, nous pourrions nommer *quidditativiste* cette conception de l'individuation.

Quelle est la position de Leibniz sur ce problème ? En présentant dans le *Discours de métaphysique* (1686) une théorie de la substance fondée sur ce qu'il appelle sa notion ou son concept complet, il semble admettre une forme de quidditativisme. Cependant, l'importance

---

1. *Cf.* J. Duns Scot, *Le principe d'individuation*, trad. fr. G. Sondag, Paris, Vrin, 1993.

accordée à l'idée de point de vue singulier sur le monde, dans des textes plus tardifs comme la *Monadologie* (1714), semble conduire à une conception opposée dans laquelle l'individu n'est pas simplement déterminé par la somme de ses propriétés. Or il ne s'agit pas, sur cette question, d'une évolution radicale de la pensée de Leibniz, car la notion de point de vue figure également dans le *Discours*. Il y a ainsi une tension apparente entre des thèses contemporaines. Nous essaierons de montrer que le philosophe de Hanovre s'efforce de résoudre cette tension en défendant une voie moyenne entre l'haeccéitisme et le quidditativisme [1].

NOTION COMPLÈTE ET SUBSTANCE INDIVIDUELLE

La « définition réelle » de la notion de substance contenue dans le § 8 du *Discours de métaphysique* constituera notre point de départ :

> (A) Or il est constant que toute prédication véritable a quelque fondement dans la nature des choses, et lorsqu'une proposition n'est pas identique, c'est-à-dire lorsque le prédicat n'est pas compris dans le sujet, il faut qu'il y soit compris virtuellement, et c'est ce que les philosophes appellent *in-esse*, en disant que le prédicat est dans le sujet. Ainsi il faut que le terme du sujet enferme toujours celui du prédicat […].
> (B) Cela étant, nous pouvons dire que la nature d'une substance individuelle ou d'un être complet est d'avoir une notion si accomplie, qu'elle soit suffisante à comprendre et à en faire déduire tous les prédicats du sujet à qui cette notion est attribuée (*DM* § 8).

La théorie de la substance énoncée dans la seconde partie du paragraphe (B) – qui répond à l'intention d'approfondir la définition aristotélicienne de la substance comme sujet dernier de prédication – est présentée comme une conséquence d'une certaine conception de la vérité esquissée dans la première (A). Cette dernière a été découverte

---

1. Notre travail doit beaucoup à deux études abordant la question de l'individuation : J.-B. Rauzy, *La doctrine leibnizienne de la vérité*, Paris, Vrin, 2001, p. 298-312 et M. Fichant, « De l'individuation à l'individualité universelle », dans *Science et métaphysique dans Descartes et Leibniz*, Paris, PUF, 1998, p. 143-162.

par Leibniz en 1679 et, au cours de la décennie suivante, il en a systématiquement développé les conséquences logiques et métaphysiques, au point de la tenir pour le fondement de sa philosophie[1]. Une proposition est vraie lorsque le concept exprimé par le prédicat est contenu dans le concept exprimé par le sujet ; autrement dit la vérité est définie par une relation d'inhérence conceptuelle. Par exemple, la proposition « l'or est un métal » est vraie si et seulement si le concept de métal fait partie des concepts constitutifs de la notion d'or (TLM 47). C'est cette conception que résume la formule *praedicatum inest subiecto* (PIS) :

> Toujours, dans toute proposition affirmative véritable, nécessaire ou contingente, universelle ou singulière, la notion du prédicat est comprise en quelque façon dans celle du sujet, *praedicatum inest subiecto* ou bien je ne sais ce que c'est que la vérité (*à Arnauld*, 14 juillet 1686, GP II, 56).

L'interprétation exacte de la nature de cette théorie et des motivations qui ont amené Leibniz à définir la vérité à partir de l'inhérence conceptuelle, en dépit des conséquences métaphysiques indésirables qu'elle suscite, est l'une des grandes difficultés rencontrées par les commentateurs de Leibniz. Aussi la laissons-nous de côté.

Ce qui nous intéresse ici, c'est que le PIS implique l'existence de notions complètes qui définissent ce qu'est une substance. Comment s'opère la dérivation de la théorie de la notion complète à partir du PIS ? Considérons un sujet S. L'ensemble des propositions vraies de S, ramenées à une forme prédicative S *est* P_i (où chaque P_i désigne un prédicat vrai de S), définit la clôture déductive de ce sujet. L'ensemble des prédicats $\{P_1, P_2, …, P_n\}$ constitue alors un concept C qui est le concept complet de S. Dans le *Discours*, Leibniz illustre cela par un exemple :

> Ainsi la qualité de roi qui appartient à Alexandre le Grand, faisant abstraction du sujet, n'est pas assez déterminée à un individu et n'enferme point les autres qualités du même sujet ni tout ce que la notion de ce prince comprend, au lieu que Dieu voyant la notion individuelle ou heccéïté d'Alexandre, y voit en même temps le fondement et

---

> la raison de tous les prédicats qui se peuvent dire de lui véritablement,
> comme par exemple, qu'il vaincrait Darius et Porus, jusqu'à y connaître
> a priori (et non par expérience) s'il est mort d'une mort naturelle ou par
> poison… (*Discours* § 8)

Considérons l'ensemble des propositions vraies à propos d'Alexandre le Grand : qu'il est un homme, qu'il est roi de Macédoine, qu'il est vainqueur d'Arbeles, qu'il est mort empoisonné, etc. Le concept de roi contient le concept d'homme, mais il est insuffisamment déterminé pour en déduire la victoire d'Arbeles. Seul le concept signifié par le nom « Alexandre », qui fait référence à l'individu, au sujet, Alexandre, est suffisamment déterminé pour en déduire tous les prédicats vrais.

Cependant, bien que la définition de la substance individuelle par la notion complète soit présentée comme une conséquence du PIS, cela n'est pas tout à fait exact. Le PIS en est une condition nécessaire mais insuffisante. En effet, considérons l'ensemble des vérités géométriques concernant le cercle. Celles-ci définissent également une notion, en un sens complète, du cercle, comme Leibniz le reconnaît : « Peut-on nier que chaque chose, soit genre, espèce ou individu a une notion accomplie… c'est-à-dire une notion qui enferme ou comprend tout ce qu'on peut dire de la chose…? » (GP II, 131). Si la définition de la substance découlait du seul PIS, il s'ensuivrait que les entités mathématiques, le cercle par exemple, ou bien les genres et espèces (animal, cheval), seraient des substances. Mais Leibniz rejette cette dernière conséquence. Il faut donc distinguer, au sein des notions « pleines » ou « accomplies », les notions complètes proprement dites, qui, seules, définissent des substances individuelles. Et ce qui justifie à son tour cette distinction, c'est l'adhésion à une forme de nominalisme, qui ne reconnaît d'existence véritable qu'aux seules entités concrètes, à l'exclusion des *abstracta* tels les objets mathématiques ou les genres et espèces[1]. Une proposition comme « le cheval est un mammifère » masque la forme logique véritable qui est « si x est un cheval, alors x est un mammifère ». La *lingua philosophica*, purgée

---

1. Nous suivons ici D. Rutherford, *Leibniz and the Rational Order of Nature*, Cambridge, Cambridge UP, 1995, p. 122-124.

des termes abstraits, remplace le terme « cheval » par « sujet équin »
(TLM 384-5). Le concept de cheval en général ne définit donc pas une
substance, puisqu'il ne permet pas de déduire certaines vérités concernant des sujets concrets qui sont des chevaux, par exemple : « ce
cheval appartient à Alexandre ». Celle-ci, en revanche, est une
conséquence du concept signifié par le nom Bucéphale.

La définition de la substance par la notion complète repose donc
sur deux sources originellement indépendantes mais complémentaires : le PIS d'une part et le nominalisme de l'autre. Dès lors, seules
les substances individuelles existent, et les substances secondes du
carré ontologique aristotélicien (*homme* ou *animal* par exemple) n'ont
de réalité que dans la pensée et le langage. À partir des considérations
précédentes, nous pouvons résumer ainsi la définition leibnizienne de
la substance individuelle :

> Pour tout x, x est une substance individuelle si et seulement s'il existe
> un unique concept C permettant de déduire l'ensemble des vérités
> concernant x ($= C$ est un concept complet).

Une conséquence immédiate de cette définition est que le concept
C fournit une condition d'identité des substances :

> Pour tout x, C est le concept de x seulement si, pour tout y, actuel ou
> possible, si $y \neq x$ alors y n'a pas toutes les propriétés contenues dans C.

La possession d'un concept complet donne la raison pour laquelle
une chose est ce qu'elle est, ce que Leibniz appelle son « heccéité », en
reprenant la terminologie scotiste, mais en lui attribuant à première
vue une signification très différente. Chaque notion complète est en
quelque sorte un « individuateur » de la substance dont elle est la
notion. Comme l'écrit Leibniz à Arnauld : « les notions des substances
individuelles sont complètes et capables de distinguer leur sujet »
(GP II, 49)[1].

---

1. La théorie du concept complet préserve ainsi quelque chose de la conception
défendue dans la dissertation *De principio individui* de 1663 : l'individu est individué par
son être entier (*entitas tota*; GP IV, 18). Cela signifie qu'aucune chose ne peut être
individuée par moins que l'ensemble de ses composants (la matière, la forme et les
accidents de la chose).

DIFFÉRENCE *SOLO NUMERO* ET IDENTITÉ DES INDISCERNABLES

Leibniz semble déduire de la théorie de la notion complète une conception anti-haeccéitiste de l'individuation. Au § 9 du *Discours*, il expose en effet plusieurs thèses ou «paradoxes» (en un sens faible) qui, d'après lui, découlent de la théorie de la notion complète. La première s'énonce ainsi : «il n'est pas vrai que deux substances se ressemblent entièrement et soient différentes *solo numero*». Si deux entités *a* et *b* sont distinctes, leur différence ne consiste pas seulement dans le fait que *a* soit *a* et *b* soit *b*. Il doit y avoir une raison de cette différence autre que le simple fait de leur distinction numérique. Appelons cette thèse le refus de la différence purement numérique (RDN). Leibniz prétend qu'il s'agit bien d'une conséquence de la théorie de la notion complète («Il s'ensuit de cela» écrit-il au début du § 9). Cependant la déduction n'est nullement explicitée, et surtout, un certain nombre de principes de la métaphysique leibnizienne conduisent à penser que le RDN ne découle pas directement de la notion complète.

À quelle condition en effet le RDN découlerait-il directement du dispositif de la notion complète? Cela se produirait si, conformément à l'interprétation de B. Russell[1], la notion était indistincte de la substance elle-même. Le modèle de la notion complète qui vient spontanément à l'esprit est en effet celui d'une somme ou mieux d'une liste de concepts. Si deux listes ont les mêmes ingrédients, il s'agit d'un seul et même concept : la possession d'un contenu unique fait donc partie des conditions d'identité d'un concept. Le RDN découle donc de l'identification des substances à leurs concepts. Le texte qui suit, probablement rédigé en 1679, montre que Leibniz a effectivement envisagé une conception de l'individuation déduite de sa théorie des concepts :

> Il peut y avoir autant de substances singulières qu'il y a de combinaisons différentes de tous les attributs compatibles. D'où est mis en lumière le principe d'individuation sur lequel les discussions de tant de

1. B. Russell, *La philosophie de Leibniz*, trad. fr., Paris, Gordon & Breach, 1970, p. 55.

Scolastiques sont demeurées vaines. Titius est *robuste*, *instruit*, *beau*, *quinquagénaire*, *percevant*, *raisonnable*, etc. Le concept dont résultent tous ces prédicats qui peuvent en être dits est ainsi le concept de sa substance singulière (F 286).

Leibniz esquisse ici très clairement ce que l'on pourrait appeler une approche combinatoire de l'individuation que l'on peut caractériser ainsi : toute combinaison maximale d'attributs simples compatibles entre eux définit un unique individu. Cette approche combinatoire s'explique assez facilement par le contexte d'où est tiré le fragment précédent. Il s'agit en effet d'un ensemble de définitions conceptuelles qui doivent mettre à jour les concepts primitifs de l'alphabet des pensées humaines, préalable indispensable à la constitution de la science générale (TLM 102, 132, 207). Les concepts composés, qui figurent dans l'exemple, sont formés par combinaison à partir de ces concepts simples [1]. Le processus logique envisagé dans ce texte a été clairement décrit par R. Adams : « Ce qui fait d'une chose un individu, c'est que dans la construction logique de son concept [par conjonction et négation à partir des concepts simples purement qualitatifs], une différence s'ajoute à une autre différence, jusqu'à ce que l'on parvienne à un concept si spécifique qu'aucun contenu nouveau ne peut lui être ajouté sans inconsistance » [2].

Aux yeux d'Adams, ceci constitue la conception leibnizienne par excellence de l'individuation. Il faut disposer pour cela d'abord d'une liste des concepts premiers. Supposons qu'il existe quatre attributs premiers, A, B, C, D. D'après le point de vue combinatoire, toute sélection exhaustive *et* consistante de ces concepts définit un individu possible. Il faut donc que l'on dispose d'une condition restrictive sur les combinaisons consistantes, sans quoi il y aurait un unique concept complet et, en conséquence, une unique substance, ce que rejette évidemment Leibniz. Aussi la totalité des concepts simples ne

1. Les concepts primitifs sont les attributs de Dieu (cf. TLM 25 : « est un attribut de Dieu n'importe quelle forme simple »). Mais comme la connaissance humaine est incapable de mener l'analyse des concepts composés à ce terme, nous devons nous satisfaire d'un alphabet des pensées humaines (cf. DM, § 24).

2. « Primitive Thisness and Primitive Identity », *Journal of Philosophy*, 76 (1979), p. 9.

doit-elle pas composer un concept complet d'individu. La condition restrictive est la compatibilité des attributs premiers ou concepts simples. Par exemple si C est incompatible avec D, alors il y a au moins deux individus possibles $a = \{A, B, C\}$ et $b = \{A, B, D\}$. Mais on est alors en proie à la même difficulté qu'à propos de la répartition des possibles en mondes possibles, ou, plus généralement, de l'incompossibilité des premiers possibles : « il reste que les hommes n'ont pas encore découvert d'où proviennent les différentes incompatibilités, c'est-à-dire comment il est possible que les différentes essences répugnent les unes aux autres alors que tous les termes purement positifs semblent compatibles entre eux » (TLM 448). Les attributs premiers sont en effet inanalysables et entièrement positifs. Ils ne contiennent donc pas la négation de l'un ou l'autre des autres attributs primitifs. Et en conséquence, si la compatibilité se définit par l'absence de contradiction, « toutes les formes simples sont compatibles entre elles » (GP IV, 296). L'interprétation combinatoire ne semble donc pas en mesure d'éviter la conclusion moniste.

Une autre raison la rend irrecevable : elle inverse le rapport entre la substance et ses attributs. En effet, la substance n'est pas la liste des prédicats du sujet. L'identification de la substance à sa notion, implique l'antériorité des attributs ou propriétés sur celle-là. Or Leibniz affirme presque toujours la primauté ontologique et épistémique de la substance sur ses accidents et la réduction de ces derniers à de simples modifications de la première (NE II, xxiii, § 1 ; T § 388). Au contraire, comme l'indique Leibniz dans le *Discours*, la notion complète donne « le fondement et la raison » des prédicats de la substance. Cette affirmation se comprend à la lumière de l'héritage aristotélicien de la métaphysique de Leibniz, en particulier l'idée selon laquelle la substance est un sujet premier agissant. Ceci est particulièrement net après 1690, lorsque la substance individuelle n'est plus définie par la possession d'un concept complet, mais par le fait qu'elle soit une force primitive d'où découlent tous ses états, ou encore la loi de la série de ces états[1]. Sans introduire une rupture radicale avec la théorie de la

---

1. *Conversation avec Fardella* (vers 1690), F 328-9 : « En toute substance, il n'y a rien d'autre que la nature ou force primitive d'où suit la série de ses opérations internes ».

décennie précédente, l'idée d'une force agissante renforce la primauté de la substance sur les attributs conçus comme ses états et justifie rétrospectivement une interprétation similaire de la conception antérieure. Leibniz aurait implicitement perçu les contresens métaphysiques auxquels pouvait prêter le dispositif de la notion complète et aurait préféré une conception susceptible de mieux rendre compte de la substance.

L'interprétation combinatoire, dans laquelle le RDN est une conséquence immédiate de la notion complète, est donc erronée. La déduction doit reposer sur un principe indépendant. Ce principe, c'est celui de l'identité des indiscernables (PII), que résume la formule « il n'y a point deux individus indiscernables » (LC IV, § 4)[1]. Sur un plan formel, il s'énonce ainsi :

Si pour toute propriété F, Fa ssi Fb, alors $a = b$.

La force métaphysique de ce principe dépend évidemment du type de propriété qui satisfait ce principe. Si on inclut l'identité à soi parmi les propriétés, alors le PII est trivialement vrai. Mais cette forme très faible du PII n'est pas celle que Leibniz reconnaît, car elle ne permet pas de déduire RDN. Les propriétés relationnelles (parmi lesquelles les relations spatio-temporelles) sont également insuffisantes. En effet, selon Leibniz, les conditions d'identité d'une chose doivent donner une explication, ou une raison, de leurs différentes propriétés. Et une telle explication doit toujours partir de la chose elle-même, indépendamment de ses relations à d'autres choses. C'est la raison pour laquelle Leibniz défend une version forte du PII, d'après laquelle les propriétés intrinsèques vérifient le principe :

Si pour toute propriété intrinsèque F', $F'a$ ssi $F'b$, alors $a = b$.

Mais pourquoi Leibniz a-t-il adopté un principe aussi contraignant? L'explication est à chercher du côté de la théologie.

La loi de la série des états successifs d'une substance constitue dès lors son principe d'individuation; cf. GP II, 258, 262; IV, 506.

1. Celui-ci n'est pas une conséquence de la théorie de la notion complète. En effet, bien que Leibniz le présente parfois comme une conséquence du PIS (*cf.* TLM 460-461), cela n'est pas vrai du point de vue de la genèse de ces idées : le PII est adopté dès 1676 (*cf.* TLM 20-21), antérieurement donc à la constitution de la doctrine de la vérité.

Dieu ne décrète rien, en particulier ne crée aucune substance, sans connaître parfaitement tout ce qui lui arrivera. Et comme le choix de la création d'une substance est toujours lié au décret de créer le monde dont elle fait partie, plutôt qu'un autre, il est indispensable que Dieu connaisse tout ce qui arriverait à n'importe quel individu possible (GP II, 42). Ainsi, la notion complète remplit sa fonction comme objet ou contenu de la pensée divine. Si la notion complète ne permettait pas de distinguer les substances individuelles, le choix divin serait arbitraire. Ceci apparaît clairement lorsque Leibniz répond au problème de l'origine du mal :

> C'est ce que vit aussi Hugues de Saint Victor : à qui lui demandait pourquoi Dieu avait préféré Jacob et non Esaü, il ne répondit autre chose sinon que c'est parce que Jacob n'était pas Esaü. C'est que dans la notion parfaite de toute substance individuelle, considérée par Dieu à l'état de pure possibilité, avant tout décret actuel d'existence, est déjà contenu tout ce qui lui arrivera si elle vient à exister… [1].

Si le PII n'était pas vrai, si le contenu des notions de Jacob et Esaü ne différait pas, alors la réponse initiale de ce passage s'apparenterait à une préférence arbitraire. Si tel n'est pas le cas, si l'hypothèse d'une justice divine fondée sur l'identité des particuliers n'est pas partiale, c'est en raison du PII. L'adhésion au PII est donc motivée par des considérations théologiques qui sont exactement celles qui conduisent Leibniz à accorder aux concepts complets le rôle d'individuateurs.

INDIVIDU, MONDE ET DÉCRETS DIVINS : LES « MIROIRS VIVANTS DE L'UNIVERS »

Cette motivation théologique du PII, le choix créateur de Dieu, nous conduit à nous interroger sur le type de propriétés qui permettent l'individuation. Nous avons répondu jusqu'ici, indistinctement, la totalité des propriétés. Mais cette réponse n'est guère satisfaisante, car elle ne donne aucun critère permettant de distinguer l'individuation d'un être incomplet de celle d'un être complet comme la

---

1. *Échantillon de découvertes*, Fichant, p. 306.

substance. Quelles propriétés sont propres à ces dernières et jouent un rôle essentiel dans l'individuation? Le passage suivant est particulièrement éclairant :

> Les notions des substances individuelles, qui sont complètes et capables de distinguer leur sujet, et qui enveloppent *par conséquent* les vérités contingentes ou de fait, et les circonstances individuelles du temps, du lieu, et autres, *doivent aussi* envelopper dans leur notion, prise comme possible, les décrets libres de Dieu, pris aussi comme possibles, *parce que* ces décrets libres sont les principales sources des existences ou faits; au lieu que les essences sont dans l'entendement divin avant la considération de la volonté [1].

La question modale de l'existence contingente des individus guide ici la réflexion métaphysique sur leur individuation. Leibniz en effet n'affirme pas seulement que les vérités contingentes ont à leur fondement, un libre décret divin. Il inclut en outre ces décrets dans une séquence explicative de l'individuation, ce qu'indiquent les passages soulignés. L'idée est que les propriétés contingentes sont indispensables à l'individuation et parmi celles-ci les relations spatio-temporelles entre les substances. Nous devons donc répondre à deux questions : 1) pour quelle raison Leibniz établit-il un lien entre le fait que telle substance soit *cette* substance et tels décrets divins? 2) pourquoi les relations spatio-temporelles jouent-elles un rôle crucial?

Afin d'y répondre, il faut insister sur le fait que l'individuation d'une substance ne peut se faire qu'en relation à un arrière-plan plus général : comme nous l'avons déjà suggéré, le monde dont elle fait partie ainsi que l'ensemble des autres mondes possibles. Un Dieu prenant ses décrets au coup par coup ne serait pas sage au plus haut point. Il s'apparenterait au Dieu des Sociniens [2]. Lorsque Dieu décide de créer une substance quelconque, c'est en ayant égard à l'univers

---

1. *À Arnauld*, 14 juillet 1686, GP II, 49, nous soulignons.

2. *À Arnauld*, 12 avril 1686, GP II, 19 : « Il faut considérer en Dieu une certaine volonté plus générale, plus compréhensive qu'il a à l'égard de tout l'ordre de l'univers, puisque l'univers est comme un tout que Dieu pénètre d'une seule vue ». *Cf.* GP II, 23 pour la référence aux Sociniens.

entier. L'individuation procède ainsi en quelque sorte « de haut en bas », d'un monde possible aux individus qui en font partie :

> Je conçois qu'il y a une infinité de manières possibles de créer le monde selon les différents desseins que Dieu pouvait former, et que chaque monde possible dépend de quelques desseins principaux ou fins de Dieu qui lui sont propres, c'est-à-dire de quelques décrets libres primitifs (conçus *sub ratione possibilitatis*) ou lois de l'ordre général de celui des univers possibles, auquel elles conviennent et dont elles déterminent la notion, aussi bien que les notions de toutes les substances individuelles qui doivent entrer dans ce même univers[1].

Il existerait pour chaque monde un dessein, un décret divin général, une sorte d'équation cosmique qui gouverne l'univers entier et en détermine « la notion principale ou primitive » et, par là même, celle des individus et événements de ce monde (*ibid.*)[2]. Non seulement la notion complète de chaque individu contient des prédicats primitifs, mais encore ce décret primitif qui génère l'ensemble des états de cette substance et assure la correspondance de ces derniers avec ceux de toutes les autres substances. M. Fichant évoque à ce propos une « individualité universelle » pour rendre compte de cette idée selon laquelle « chaque notion complète est une variation de la notion primitive » du monde[3].

Le pendant métaphysique de l'unité des décrets divins est la thèse de l'expression universelle, présentée ainsi dans le *Discours* :

> De plus toute substance est comme un monde entier et comme un miroir de Dieu ou bien de tout l'univers, qu'elle exprime chacune à sa façon, à

1. *À Arnauld* du 14 juillet 1686, GP II, 51.

2. Sur l'inscription de tout événement, même miraculeux, dans cette loi qui individualise chaque monde, *cf.* DM, § 6 et § 16 (chaque monde possible obéit à un ordre général ou une « loi universelle de l'ordre général »). Sur la hiérarchie des lois, *cf.* TLM 342-343. Le principe de l'individuation tend à se confondre avec l'explication générale de toute chose, inaccessible à l'esprit humain : « mais on ne peut jamais arriver par aucune analyse aux lois absolument universelles ni aux raisons parfaites des choses singulières, car cette connaissance est nécessairement propre à Dieu seul ».

3. M. Fichant, *op. cit.*, p. 133. Il reprend l'expression de Dietrich Mahnke ; *cf.* « Le concept scientifique de l'individualité universelle », trad. fr. *Philosophie* 39 (1993), p. 129-175.

peu près comme une même ville est diversement représentée selon les différentes situations de celui qui la regarde (*Discours* § 9).

La notion d'expression revêt un sens technique chez Leibniz : un ensemble D exprime un autre ensemble E dès lors que certaines relations entre des éléments de D sont préservées, selon une loi de projection, dans E[1]. Cette définition abstraite de l'expression ne suffit pas à caractériser la notion dans sa dimension métaphysique. Pour cela, il faut rappeler que Leibniz la présente comme une conséquence du PIS. En effet, parmi les vérités concernant un sujet, par exemple César, certaines lui attribuent des prédicats intrinsèques (être un homme), d'autres des prédicats relationnels, comme « être tué par Brutus ». En raison du PIS, le sujet « César » doit inclure le prédicat relationnel « être tué par Brutus ». Indirectement, il doit contenir aussi des prédicats exprimant des propositions vraies concernant Brutus lui-même, par exemple « Brutus est mort à la bataille de Philippes ». Davantage, puisqu'il est vrai, par exemple, que César a été assassiné un peu moins de deux mille ans avant le débarquement de 1944, le concept de César doit inclure des informations concernant son rapport temporel au débarquement de Normandie. Ainsi, étant donné qu'il y a des vérités concernant la relation de n'importe quelle substance à tout événement se produisant dans le monde, il s'ensuit que toute notion complète permet de déduire l'ensemble des vérités concernant l'ensemble de ce qui se passe dans le monde. La connaissance du contenu de chaque notion complète permet de déduire l'ensemble des relations entre les substances. Telle est la signification de l'expression universelle. L'idée est que tous les faits relationnels (que l'on peut symboliser par aRb) se réduisent à l'énumération de faits concernant a et b seulement (par exemple, Fa et Gb et la conjonction Fa & Gb implique la vérité de aRb). L'expression universelle désignerait l'existence de corrélations entre les états de chaque substance dans l'univers. Ce que nous venons de décrire est une version faible de l'expression universelle.

---

1. *Cf.* TLM 476 : « il suffit pour l'expression d'une chose dans une autre qu'il existe une loi constante des relations par laquelle les éléments singuliers de la première pourraient être rapportés aux éléments singuliers qui leur correspondent dans la seconde ».

Mais Leibniz semble adhérer à une conception plus forte : d'après lui en effet, le fait que b soit G peut être déduit de a. Quelle est la nature de la propriété au fondement de cette déduction ? S'il s'agit de la propriété d'être relié à un b qui est G, il y aurait alors une simple transposition dans chaque individu des conditions relatives au monde entier. L'expression universelle implique davantage que la simple corrélation entre les états de chaque substance. En son sens fort, elle suppose une forme de perception universelle. Rappelons en effet que pour Leibniz la perception est l'une des formes de l'expression [1].

Ainsi les états internes de chaque substance ont une connexion intrinsèque (leur contenu perceptif) aux états des autres substances, en ce qu'ils les représentent. Cette interprétation cognitive ou quasi-cognitive de l'expression universelle est essentielle pour comprendre le rôle que lui confère Leibniz. Elle permet en effet de fonder l'individuation, elle est même, en un sens, un autre nom du *principium individuationis* [2], comme le confirment les deux textes suivants :

> Car Dieu tournant pour ainsi dire de tous côtés et de toutes les façons le système général des phénomènes qu'il trouve bon de produire pour manifester sa gloire et regardant toutes les faces du monde de toutes les manières possibles, puisqu'il n'y a point de rapport qui échappe à son omniscience, le résultat de chaque vue de l'univers, comme regardé d'un certain endroit, est une substance qui exprime l'univers conformément à cette vue, si Dieu trouve bon de rendre sa pensée effective et de produire cette substance (*DM* § 14).
>
> Les multiples substances finies ne sont rien d'autre que différentes expressions du même univers selon différents rapports et les limitations qui leur sont propres. Comme une ichnographie unique comporte une infinité de scénographies (*Échantillon de découvertes*, F 305).

La terminologie diffère de celle de la lettre à Arnauld précédemment citée. Dans celle-ci, la notion primitive de l'univers,

---

1. *Cf.* GP II, 112 : « L'expression est commune à toutes les formes, et c'est un genre dont la perception naturelle, le sentiment animal et la connaissance intellectuelle sont les espèces. Dans la perception naturelle et dans le sentiment, il suffit que ce qui est divisible et matériel, et se trouve dispersé en plusieurs êtres, soit exprimé ou représenté dans un seul être indivisible, ou dans la substance qui est douée d'unité ».

2. Gr 373 ; cité par Fichant, *op. cit.*, p. 158.

déterminée par un décret général, s'inscrit dans chaque individu et constitue un réquisit de l'individuation. Dans les deux extraits précédents, cette fonction est assurée par « le système général des phénomènes ». Ce déplacement préserve néanmoins l'idée centrale. En effet ce « système général » est l'ensemble des états de toutes les substances de l'univers qui, nous l'avons vu, procèdent de l'inscription en chacune de la loi générale de l'ordre. Si, dans la lettre à Arnauld, Leibniz adopte le point de vue de la cause, dans le *Discours* en revanche, il adopte celui de l'effet.

Mais ce déplacement confirme ce que nous venons de dire de l'expression universelle : si les substances sont des miroirs de l'univers, c'est dans la mesure où chaque état interne des substances représente l'ensemble de l'univers, plus précisément l'ensemble des états des autres substances compossibles. Cette dernière condition ne peut se réaliser que si les états de chaque substance sont analogues à des états perceptifs [1]. Or la caractéristique d'un état perceptif est qu'il est perspectif. Celui qui observe une scène, la voit depuis un point de vue particulier. Cette notion de point de vue perceptif contenue dans la notion forte d'expression s'avère décisive pour fonder l'individualité.

En effet, l'idée d'un univers composé de substances intégralement spécifiées par le contenu de leurs perceptions conduit à un paradoxe bien connu : si tout n'est que miroir, alors qu'est-ce qui peut être représenté ? Une variante de ce paradoxe nous intéresse davantage ici. Supposons qu'il y ait bien un système général représenté, la « scénographie » de l'univers. Et admettons que chaque substance soit une expression de ce système : qu'est-ce qui permet de distinguer entre ces différentes substances ? En effet, si chaque substance représente la même chose, alors chaque substance possède le même contenu et, en vertu du PII, il doit n'y avoir qu'une seule substance. La pluralité des « ichnographies » causerait l'impression illusoire d'une pluralité de substances et l'expression universelle conduirait ainsi tout droit au spinozisme [2]. Répondre à cette difficulté constitue un enjeu majeur

---

1. *Cf.* TLM 462 : « Bien mieux, toutes les substances singulières créées sont des expressions différentes du même univers ». Des entités dépourvues de toute capacité perceptive ne peuvent donc pas être des substances.

2. *Cf.* B. Mates, *The Philosophy of Leibniz*, New York, Oxford UP, 1986, p. 78-80.

pour la métaphysique de Leibniz. Celle-ci possède-t-elle les ressources lui évitant l'incohérence ou le spinozisme ? Au § 14 du *Discours*, Leibniz mentionne chaque point de vue ou « endroit » depuis lequel est regardé l'univers comme ce dont le résultat est une substance, autrement dit, comme constitutif de la différence des substances. Même si le contenu qualitatif des concepts des substances composant un même monde est unique, il ne s'ensuit donc pas que les substances elles-mêmes soient identiques.

Si le point de vue se révèle essentiel dans le processus d'individuation des substances, il nous faut encore comprendre ce que signifie cette notion derrière la métaphore visuelle et comment elle peut s'intégrer au point de vue notionnel sur l'individuation développé dans les § 8 et 13 du *Discours*. Et ceci nous reconduit à la seconde question posée précédemment : pourquoi Leibniz pense-t-il que les propriétés spatio-temporelles jouent un rôle décisif dans l'individuation ?

LE POINT DE VUE ET L'INDIVIDUATION

Nous avons vu en effet que l'individuation des substances est indissociable de l'individuation du monde et que celle-ci implique une connexion entre les substances, dont la forme générale est l'expression universelle. Or une telle connexion n'est assurée que s'il y a des relations spatio-temporelles et causales entre les substances. Leibniz définit en effet un monde possible comme une suite ou série de choses connectées dans un cadre spatio-temporel[1]. Ce que nous allons essayer d'établir dans cette section, c'est que la raison de la distinction des substances provient de leur position spécifique au sein d'un cadre spatio-temporel.

Cette suggestion paraît cependant heurter de front une série de thèses essentielles à la métaphysique leibnizienne. Tout d'abord, en rapportant ainsi l'individuation à un fondement spatio-temporel, ne prête-t-on pas à Leibniz une conception incompatible avec son

---

1. Cf. *T*, § 8 et GP VI, 440 ; VII, 303 ; voir D. Rutherford, *op. cit.*, p. 188-197.

adhésion à la version forte du PII ? Ensuite, l'espace et le temps ne sont pas selon Leibniz des entités absolues, mais, au contraire, des relations d'ordre entre les choses, qui, comme les autres relations considérées en elles-mêmes, n'existent pas au sens absolu, mais ne sont que des entités idéales : « l'espace devient l'ordre des phénomènes coexistants, comme le temps celui des successifs » (à *Des Bosses*, Frémont 171 ; *cf.* LC V, § 47). Enfin, les substances elles-mêmes ne sont pas situées dans l'espace et le temps : « il n'y a pour les monades aucune proximité ni distance spatiales ou absolues, et dire qu'elles sont rassemblées en un point ou disséminées dans l'espace, c'est fictions de notre esprit, car nous voudrions bien imaginer des choses qu'on ne peut que concevoir » (*ibid.*). Seuls les corps sont reliés spatio-temporellement et ces derniers ne sont pas des substances, mais, selon les textes, tantôt de simples phénomènes, tantôt des agrégats de substances.

Afin de répondre à ces difficultés, il convient d'abord de rappeler que, dans ses premiers écrits, Leibniz conférait un rôle essentiel aux relations spatio-temporelles dans le processus d'individuation. Ainsi, dans la *Profession de foi du philosophe*, rédigée en 1673, avant l'adhésion au PII, il accepte l'hypothèse de la plus haute ressemblance (*summa similitudo*) entre des individus (deux œufs ou deux âmes)[1]. On ne peut différencier ces individus qu'à l'aide de déictiques tels que « ceci » et « cela ». Et le fondement de ce « ceci » à son tour réside dans la différence des propriétés spatio-temporelles. Considérons un monde composé de trois atomes, a, b, c : ces atomes sont qualitativement identiques ou indiscernables. Sur quoi pourrait reposer leur individualité ? Sur le fait, par exemple, que a est à 10 cm de b et 15 cm de c, alors que b est à 7 cm de c. Le principe d'identité, constitué par un ensemble de relations spatio-temporelles, est donc extrinsèque.

Mais à partir du moment où le PII devient un principe central de sa métaphysique, Leibniz rejette clairement cette individuation extrinsèque : « il faut toujours qu'outre la différence du temps et du lieu, il y ait un principe interne de distinction… les choses ne laissent pas d'être distinguables en soi. Le précis de l'identité et de la diversité ne

---

1. *Confessio philosophi*, éd. et trad. fr. Y. Belaval, Paris, Vrin, 1970, p. 105-107.

consiste donc pas dans le temps et dans le lieu » (*NE* II, xxvii, § 1).
Néanmoins, certaines intuitions de la *Profession de foi* n'ont pas
totalement disparu dans la métaphysique de la maturité. En témoigne
le fragment suivant, non daté, mais probablement rédigé en 1696 :

> Il est d'une très grande importance dans toute la philosophie et même
> dans la théologie de considérer qu'il n'existe pas de dénominations
> purement extrinsèques, en raison de la liaison des choses entre elles ;
> que deux choses ne peuvent différer l'une de l'autre seulement selon
> l'espace et le temps mais qu'il est au contraire toujours nécessaire
> qu'intervienne également une différence interne. [...] tous les êtres
> différents doivent être distingués d'une manière ou d'une autre et la
> seule position parmi les choses réelles n'y suffit pas. [...] Si le seul lieu
> ne produit pas par soi de changement, il suit qu'aucun changement n'est
> purement local. Et plus généralement, que le lieu et la position, la
> quantité (comme le nombre et la proportion), sont seulement des rela-
> tions qui résultent d'autres choses, qui, quant à elles, constituent ou
> terminent par soi le changement. Abstraitement c'est vrai, être en un
> lieu semble donc n'impliquer rien d'autre que la position. Mais dans la
> chose elle-même, il faut que ce qui est dans le lieu exprime en soi le lieu.
> Par suite, la distance et le degré de distance enveloppent dans la chose
> un degré d'expression de la chose distante, celle-ci affectant ou étant
> affectée par celle-là. Et il s'ensuit en vérité que la situation enveloppe le
> degré d'expression [1].

Comme le remarque J.-B. Rauzy, il y a en apparence une complète
inversion de la position de 1673 : le principe d'individuation est ici
interne, non plus externe, et ce n'est plus le lieu ni le temps qui
individualisent, mais au contraire, l'individu lui-même qui constitue
le lieu et le temps. Cependant, le caractère systématique de cette inversion témoigne du lien étroit avec l'individuation du lieu, et plus
généralement de la place dans l'espace et le temps [2]. Leibniz s'efforce
de concilier la tension entre les contraintes du PII et le rôle de l'espace
et du temps dans l'individuation. Dans un premier temps, il réduit
les relations spatio-temporelles en partant du principe selon lequel « il
n'y a pas de dénominations purement extrinsèques » en raison de la

---

1. C 8-9, trad. J.-B. Rauzy, *op. cit.*, p. 305.
2. *Op. cit.*, p. 305-306.

connexion universelle des choses (GP II, 56 ; *NE* II, xxv, § 5). Ceci est l'une des thèses les plus paradoxales de Leibniz : il n'y a jamais de changements purement relationnels (des *Cambridge changes*). Pour le sens commun, celui qui affirme que Socrate est devenu plus petit que Théétète parce que ce dernier a grandi, n'affirme pas l'existence d'un changement réel dans Socrate. Or, d'après Leibniz, la manière dont Socrate exprime Théétète a changé. Plus généralement, dès que quelque chose se produit dans l'univers, de nouveaux prédicats relationnels peuvent être attribués véritablement à chaque substance, et ces derniers impliquent une modification intrinsèque de celle-ci (TLM 461-2). Les propriétés spatiales et temporelles sont des para-digmes de dénominations purement extrinsèques, précisément parce que le temps et l'espace ne sont pas des entités absolues, mais des systèmes de relations entre les choses. En conséquence, toutes ces relations (par exemple «Descartes est né 50 ans avant Leibniz» ou bien «Paris est distant de Rome de 1400 km») sont des dénominations extrinsèques fondées sur des propriétés intrinsèques de leurs termes. Mais quelles propriétés constituent ainsi les fondements des relations spatio-temporelles ? Leibniz répond dans notre texte qu'il s'agit d'une *expression du lieu* dans la substance elle-même. Cette expression du lieu, c'est la perception de la substance. Autrement dit, ce qui constitue l'espace et le temps, c'est la capacité qu'ont les substances d'exprimer, au sein de leurs états perceptifs, l'univers entier depuis leur situation propre (leur point de vue sur celui-ci), qui est toujours médiatisée par le corps affecté à chaque substance : «parce que c'est en quelque façon et pour un temps, suivant le rapport des autres corps au sien, que l'âme exprime l'état de l'univers» (*DM* § 33). Si les substances simples n'existent pas dans un lieu au sens propre, elles possèdent néanmoins un point de vue perceptif ou une position [1]. Celui-ci constituerait donc la clé de l'individuation.

Mais comment faut-il concevoir ce point de vue ? Leibniz rattache celui-ci aux degrés variables de clarté et distinctions des perceptions de la substance. Bien que toutes les substances expriment le même

---

1. Cf. *à Des Bosses*, 21 juillet 1707, Frémont p. 110 : «sans doute la substance simple, même si elle ne contient pas l'étendue, a néanmoins une position, qui est le fondement de l'étendue» ; GP II, 253 et M, § 57 et 62.

univers (ont un unique contenu perceptif), ce contenu lui-même est diversifié par le degré de clarté et distinction : « Elles vont toutes confusément à l'infini, au tout ; mais elles sont limitées et distinguées par les degrés des perceptions distinctes » (*M* § 60). Ainsi ce qui est une perception parfaitement claire dans une substance peut être une perception confuse dans une autre. La théorie des « petites percep-tions », ou perceptions inconscientes, vient à l'appui de cette thèse[1]. À chaque instant de l'existence de chaque substance, il y a une infinité de perceptions exprimant l'univers entier, c'est-à-dire les états de toutes les autres substances à ce même moment ainsi qu'à tous les autres moments (passés et à venir), mais seule une portion est perçue avec suffisamment de clarté et cette portion est différente selon le moment du temps et pour toute substance. Ainsi, le point de vue détermine une fonction spécifiant, pour tout instant, la proportion de clarté et distinc-tion par rapport à l'ensemble des perceptions disponibles. La loi de la série, dont Leibniz affirme parfois qu'elle constitue l'individualité d'une substance, est précisément cette fonction, qui articule les dimensions spatiales du point de vue à sa dimension temporelle.

Enfin, la notion de point de vue se rattache à ce que nous appellerions un point de vue à la première personne. En effet, l'ensemble des perceptions claires délimite le champ des perceptions conscientes, dont il y a « aperception ». Or, ce dont nous avons l'aper-ception, c'est ce que nous pouvons rapporter à un moi[2]. Bien que Leibniz ne l'affirme pas explicitement, nous pourrions en déduire que la manière spécifique dont chacun apparaît à lui-même comme un moi (le point de vue de la première personne) est le corrélat psychologique, dans les monades pourvues d'une raison, qui ne sont pas seulement des miroirs du monde, mais aussi de Dieu (*DM* § 35 ; *M* § 83) de la notion métaphysique de point de vue. Ainsi l'individuation n'est

1. *Cf.* NE, Préface, *passim* et sur l'individuation, p. 43-44 : « cette connaissance des perceptions insensibles sert aussi à expliquer pourquoi et comment deux âmes humaines ou autrement d'une même espèce ne sortent jamais parfaitement semblables des mains du créateur et ont toujours chacune son rapport originaire aux points de vue qu'elles auront dans l'univers ».

2. Le moi est le paradigme pour penser la notion de substance ; *cf.* GP II, 251 ; GP VI, 502 et NE I, iii, § 18 : « la réflexion suffit pour trouver l'idée de la substance en nous-mêmes, qui sommes des substances ».

complète que si l'on prend en compte son caractère irréductiblement perspectif.

Ainsi, par le biais de la notion de point de vue, Leibniz ne récuse pas la notion d'haeccéité, qui ne semble pourtant guère compatible avec l'individuation par la notion complète et l'adhésion au PII. Nous souhaiterions clore cette brève étude par l'hypothèse interprétative suivante. En premier lieu, chaque substance individuelle diffère de toute autre par ses propriétés intrinsèques. En ce sens, le PII dans sa forme forte demeure adéquat. En second lieu, ces propriétés intrinsèques incluent des perceptions propres de l'univers depuis un point de vue unique. L'unicité du contenu perceptif de toutes les substances s'accorde avec la variété des points de vue. Si la notion complète est bien l'haeccéité de chaque individu, c'est parce que, sur le plan ontologique, l'individu n'est pas simplement défini par une partie ni même par la totalité de ses propriétés. Autrement dit, le monde n'est pas une simple mosaïque qualitative. L'individuation n'est possible que si chacun de ces ensembles de qualités est associé à un point de vue unique sur le monde. Indissociable d'un faisceau de propriétés (pour Leibniz, de *toutes* les propriétés de la substance), l'haeccéité ne s'y réduit cependant pas. La conception leibnizienne de l'individuation représente ainsi l'effort de penser une voie moyenne entre les contraintes apparemment opposées de l'approche combinatoire (ou quidditativiste) et du point de vue expressiviste (plutôt haeccéitiste).

Jean-Pascal ANFRAY
Université de Provence (Aix-Marseille I)

LE PROBLÈME DE L'INDIVIDUATION
DANS LA PHILOSOPHIE SCHELLINGIENNE
DE L'IDENTITÉ
(1801-1807)

La « philosophie de l'identité » développée par Friedrich Wilhelm Joseph Schelling entre 1801 et 1807 vient après une philosophie d'inspiration transcendantale fichtéenne et les premiers développements d'une philosophie de la nature dont il continuera longtemps de se réclamer. La philosophie de l'identité représente, à côté de l'idéalisme spéculatif hégélien, l'une des versions d'un *idéalisme absolu* qui s'enracine dans, et dépasse, l'idéalisme transcendantal kantien. C'est bien dans la lignée de la philosophie critique que Schelling s'interroge de manière récurrente sur ce qui constitue notre savoir comme tel. Toutefois, si en 1800 encore il s'inscrit dans une perspective strictement transcendantale en élaborant un *Système de l'idéalisme transcendantal* susceptible de rendre compte de l'ensemble de nos représentations, théoriques et pratiques, à partir de la conscience de soi, en 1801 en revanche, l'*Exposition de mon système de la philosophie* entérine officiellement la rupture avec le transcendantalisme fichtéen. L'*Exposition* pose en effet la nécessité, pour accéder au point de vue proprement philosophique qui est celui de la « raison » ou « raison absolue », d'« oublier en soi-même le subjectif »[1] ou encore

---

1. Schelling, *Exposition de mon système de la philosophie* (1801) [= *Exposition*], dans *Sämtliche Werke*, K.F.A. Schelling (ed.), 14 vols., Stuttgart-Augsbourg, Cotta, 1856-1861 [= SW], ici SW IV, 116 ; trad. fr. E. Cattin, Paris, Vrin, 2000, p. 48. Dans la suite, lorsqu'aucune traduction française de Schelling n'est mentionnée, la traduction donnée est de l'auteur de l'article.

de « faire abstraction du pensant »[1]. C'est que le *su dans le savoir* – coïncidence du représentant et du représenté, du subjectif et de l'objectif – n'est lui-même ni du côté de l'objet ni du côté du sujet : il est, en soi, « indifférence totale du subjectif et de l'objectif »[2]. Cela même qui en moi connaît dépasse la dualité du sujet et de l'objet pour se tenir dans leur *identité* même. En ce sens, « le point de vue de la philosophie est le point de vue de la raison, sa connaissance est une connaissance des choses comme elles sont en soi »[3] – non pas donc des choses en tant que, situées dans le temps et l'espace, elles sont soumises à des relations d'opposition ou de dépendance mutuelle, mais des choses (c'est-à-dire de nos représentations, car cet idéalisme spéculatif n'est ni un réalisme naïf ni un dogmatisme) en tant qu'elles ne sont *sues* par nous que comme autant de présentations d'une identité absolue du subjectif et de l'objectif.

Dès lors la tâche de la philosophie consistera, à partir de ce principe qu'est la « raison absolue », identité ou « indifférence » absolue du subjectif et de l'objectif, à constituer un *système* – un monde idéal – qui rende compte de la manière dont s'engendre pour nous le monde réel de nos représentations ; l'univers du système étant toutefois, en son essence, absolument identique à ce dernier. Dit autrement : cette tâche consistera à comprendre l'*être* de tout ce qui est, un être qui n'est pas *autre* que la pensée mais qui au contraire ne fait originellement et absolument qu'un avec elle – à comprendre, donc, tous les étants comme déploiement *universel* d'un être qui ne fait toujours déjà qu'un avec l'activité d'autoposition de la raison (ou, si l'on veut, avec l'activité d'un Moi absolu, conçu toutefois préalablement à, ou hors de, toute scission sujet/objet).

Dans cette philosophie de l'identité *absolue*, comprise comme l'« Un et Tout » puisque rien ne peut *être* à proprement parler hors d'elle, on pressent l'enjeu central que constituera une pensée de l'individu comme unité et totalité *relatives*, tout spécialement susceptible, à ce titre, de présenter à la conscience l'Un absolu sous une forme déterminée. Toutefois, de quel concept de l'individu s'agit-il ici ?

1. *Exposition*, SW IV, 114, fr. 45.
2. *Ibid.*
3. *Exposition*, SW IV, 115, fr. 45.

Selon une ligne d'interprétation classique, qui s'appuie effectivement sur un certain nombre d'affirmations schellingiennes, la place accordée par la philosophie de l'identité à l'individualité comprise comme *singularité* (individualité numérique) est réduite à néant[1]. Schelling soutient, de fait, que ce qui intéresse la philosophie, ce n'est pas le particulier comme tel, mais seulement cela même qui, dans le particulier, présente l'Un et Tout[2]. Ce que recherche le philosophe, à travers la diversité infinie des choses, c'est donc seulement l'unique essence indivisible[3] – non pas la différence même des étants mais leur *in*différence. De l'individualité, la philosophie de l'identité ne retiendrait ainsi que l'unité (comprise comme identité avec l'être absolu) et non l'unicité, la particularité comme telle, absorbée dans une raison universelle monochrome.

La compréhension schellingienne de l'individualité – entendue ici non pas comme synonyme de « personnalité », mais plus largement comme caractérisation ontologique de *tout* individu, humain ou non – demande un examen plus attentif. Nous pensons à vrai dire que le problème de l'individuation (la question de savoir ce qui fait qu'il y a des êtres et non seulement l'Être, et quelle est la relation des êtres à l'Être) ne cesse, dans les textes de l'ensemble de cette période, de tarauder la réflexion schellingienne, pour laquelle elle représente – nous voudrions le mettre en évidence – à la fois un foyer central du système et un aiguillon problématique. Loin d'être négligé par Schelling au profit d'un nivellement rationnel de toutes choses, le problème de l'individuation, ou la compréhension de l'individualité non seulement comme unité qui répète l'Un et Tout, mais aussi comme singularité, comme unicité, ne constitue pas une objection que l'on pourrait faire de l'extérieur au système de l'identité, mais bien plutôt, au fil de ses reformulations, un révélateur des tensions inhérentes à celui-ci.

---

1. *Cf.* par exemple T. Shikaya, « Von der Identität zur Individuation. Schellings Freiheitsschrift (1809) in bezug auf seine Identitätsphilosophie (1801-1806) », dans *Natur, Kunst und Geschichte der Freiheit*, H.J. Sandkühler et J. Matsuyama (eds.), Frankfurt-am-Main, P. Lang, 2000, p. 93-114.

2. *Cf.* par exemple Schelling, *Philosophie de l'art* (1802-1803) [= *PhiArt*], SW V, 367, trad. fr. C. Sulzer et A. Pernet, Grenoble, J. Millon, 1999, p. 57-58.

3. Cf. *PhiArt*, SW V, 366, fr. 56.

LA RAISON ABSOLUE, PUISSANCE DES FORMES

La raison absolue est déterminée comme indifférence absolue du subjectif et de l'objectif, c'est-à-dire comme pure identité, en soi non mêlée de différence. S'il arrive à Schelling en 1802 (peut-être sous l'influence de Hegel) de la désigner aussi comme « unité de l'unité et de l'opposition »[1], il est cependant clair qu'il ne saurait s'agir d'une unité synthétique mais bien d'une unité antérieure à toute opposition possible, d'une in-différence à partir de laquelle seule peut être posée toute différence. Cette dernière en tant que telle *n*'est *rien*. « *Il n'y a pas d'être particulier ou de chose particulière en soi* »[2] : si quelque chose de tel nous apparaît, ce ne peut être qu'« en vertu d'une séparation arbitraire du particulier à l'égard du tout, pratiquée par la réflexion »[3], c'est-à-dire parce que nous ne nous tenons plus au point de vue de la raison.

À partir du « point d'indifférence absolue », le problème de la philosophie consiste à caractériser l'ensemble des formes de notre savoir (sur la nature, sur l'art, sur l'histoire) comme autant de formes de l'identité. Sans s'attarder ici sur la question de la possibilité – revendiquée par Schelling, contestée par Fichte – d'une « déduction » de la différence *sans sortir* de l'indifférence, on soulignera que la raison absolue est, d'une manière qui se fait de plus en plus insistante au cours de la philosophie de l'identité, caractérisée comme *activité de configuration de soi*. Bien que la raison soit une unité absolue, pure, non mêlée de diversité, le fait qu'elle soit une identité *vivante*, une *position de soi* comme identique à soi permet de comprendre comment elle est à la fois l'Un et le Tout[4], et d'ouvrir ainsi la possibilité de l'individuation.

---

1. Schelling, *Bruno ou : Du principe divin et naturel des choses* (1802) [= *Bruno*], SW IV, 295 ; trad. fr. J. Rivelaygue, Paris, L'Herne, 1987, p. 136 (traduction modifiée).

2. *Exposition*, SW IV, 125, fr. 60.

3. *Exposition*, SW IV, 126, fr. 60.

4. Il y a là un point essentiel de la confrontation entre Fichte et Schelling. Dans sa lecture de l'*Exposition*, le premier affirme en effet que Schelling ne peut attribuer à la raison absolue des prédicats (comme la totalité ou l'identité avec soi-même) qu'en introduisant subrepticement « une seconde raison *différenciante* », sans laquelle la première resterait en fait « morte » (trad. fr. E. Cattin, dans *Exposition*, p. 173-174).

Schelling insiste en effet sur l'idée que le monde de nos représentations ne se déploie pas à partir de l'identité absolue en *sortant* d'elle : il désigne en 1801 comme « erreur fondamentale » « la présupposition qui veut que l'identité absolue soit effectivement sortie de soi (*aus sich herausgetreten*) »[1] ; sa thèse constante sur ce point est qu'il ne saurait y avoir de *passage* de l'infini au fini – si par passage on entend un devenir-autre qui ferait sortir du même, une transformation radicale[2]. En 1801, la possibilité pour la différence – ou la finitude – d'émerger dans et par l'indifférence absolue est ouverte par la distinction entre l'essence (*Wesen*) et la forme (*Form*) de l'identité absolue[3]. L'*essence* de l'identité absolue est donnée dans la proposition « A=A » :

> Mais dans la proposition A=A le même est posé identique à soi-même, c'est-à-dire qu'est posée une identité de l'identité. L'identité absolue n'est par conséquent qu'en tant qu'identité d'une identité, et ceci est la forme, inséparable de l'être même, de son être[4].

Cela même qui est identique dans le A=A, ou encore l'identité, en tant qu'elle est posée indépendamment du sujet et du prédicat, c'est l'essence de l'identité ; mais cette essence n'*est* pas autrement que comme redoublement de soi *sous la forme* de l'égalité à soi (sans ce redoublement en effet, sans la formule qui nous permet de la concevoir, elle resterait l'Un dont on ne peut rien dire). La distinction entre l'essence et la forme de l'identité absolue, ainsi que l'identification de cette dernière à la *connaissance de soi de l'identité absolue*[5], permettent dès lors à Schelling d'ouvrir, dans l'indifférence absolue elle-même, la possibilité de la différence. Dans la raison absolue comme telle, l'essence et la forme sont absolument identiques, chacune est toujours déjà l'autre, la raison étant « absolument une et absolument identique à elle-même »[6] ; toutefois elle n'est « que sous la

1. *Exposition*, SW IV, 120, fr. 53.
2. Voir la note 1 p. 53 d'E. Cattin dans sa traduction de l'*Exposition*.
3. *Exposition*, SW IV, 120 *sq.*, fr. 54 *sq.*
4. *Exposition*, SW IV, 121, fr. 55.
5. Cf. *Exposition*, § 17-19 (SW IV, 121-122, fr. 55-56).
6. *Exposition*, SW IV, 116, fr. 48.

forme de la connaissance de son identité avec soi-même », car son auto-connaissance est la forme même de son être[1], en soi identique à cet être (on retrouve, « désubjectivé », le motif transcendantal du Moi qui *n'est que* l'activité par laquelle il prend conscience de soi-même). L'identité absolue, hors de laquelle « rien n'est »[2], porte ainsi dans la forme de son auto-connaissance l'ouverture vers un monde de différences, dans la mesure où l'identité du subjectif et de l'objectif pourra s'exposer (exister, être connue) *sous la prédominance* du subjectif ou celle de l'objectif[3]. « La force qui s'épanche dans la masse de la nature est selon l'essence la même que celle qui s'expose dans le monde de l'esprit »[4], toutefois cette force ou vie se montre dans le premier cas comme (subject)objectivité, dans le second comme subject(object)ivité. L'identité A=A est vue ou du côté du A sujet, ou du côté du A objet (ce qu'exprime la forme de l'égalité A=B)[5], mais c'est toujours la même identité.

Ce qui s'appelle en 1801 connaissance de soi (par soi) de l'identité absolue (et qui n'est rien d'autre, selon Schelling, que l'être de toute connaissance *rationnelle*) est désigné par la suite comme *auto-affirmation* de « Dieu »[6].

> L'absolu est ce qui, immédiatement de par son idée, *est* aussi, ou : il est ce à l'idée de quoi il appartient d'*être*, ce dont l'idée donc est l'immédiate affirmation de l'être (ni idée ni être en particulier)[7].

Ce qui signifie aussi qu'« eu égard à l'absolu, l'idéal est immédiatement aussi le réal (*das Reale*) »[8]. Dieu autrement dit *n'est que* pour autant qu'il s'affirme soi-même, et cette auto-affirmation, dont la raison est la répétition, est simultanément (et de toute éternité)

---

1. *Exposition*, SW IV, 122, fr. 56.

2. *Exposition*, SW IV, 115, fr. 46.

3. *Exposition*, SW IV, 123-124, fr. 57-58.

4. *Exposition*, SW IV, 128, fr. 62.

5. *Exposition*, SW IV, 124, fr. 58.

6. « L'Absolu ou bien Dieu » est l'affirmation « immédiate » et « infinie » de soi-même (*PhiArt*, SW V, 373-374, fr. 65-66).

7. Schelling, *Système de la philosophie entière et de la philosophie de la nature en particulier* (1804) [= *Système*], SW VI, 149.

8. *Ibid.*

la *position* de l'infinité de l'univers : « En s'affirmant soi-même, Dieu affirme nécessairement en même temps une réalité infinie »[1].

Ainsi la thèse schellingienne, qui se présente au fil des ans sous différentes formes, est toujours la même – la même aussi que celle annoncée au dernier chapitre du *Système de l'idéalisme transcendantal* de 1800 : la raison est originellement et fondamentalement *poïétique*, elle est l'activité même qui pose sans cesse l'infini comme fini en des formes vivantes, sans toutefois sortir de sa propre absoluité (ce qui implique que ces formes sont aussi absolues qu'elle-même). Le *Système de l'idéalisme transcendantal* exhibait l'homogénéité fondamentale de l'imagination artistique (*Einbildungskraft* ou *Dichtungsvermögen*, faculté poétique) avec la raison, l'organe de la philosophie n'étant autre que cette faculté qui condense (*dichtet*) l'identité originelle du conscient et de l'inconscient, de l'actif et du passif en une diversité infinie de configurations formant monde. La *Philosophie de l'art* (exposée dans des cours de 1802-1803 à Iéna puis 1804-1805 à Wurtzbourg) transpose cette même idée en identifiant l'« imagination divine » à la *vie* même de la raison absolue[2] :

> L'excellent terme allemand d'*Einbildungskraft* [imagination] signifie proprement la force d'*uni-formation* [*die Kraft der* Ineinsbildung], sur laquelle repose, en fait, toute la création. C'est la force par laquelle un idéal est en même temps aussi un réal, l'âme en même temps un corps, la force d'individuation, qui est proprement créatrice[3].

À partir de 1802 (notamment avec le dialogue *Bruno*) l'univers est en effet compris comme *Bild* (image) de l'absolu qui est son *Urbild* (archétype). Comme le remarque Jean-François Courtine, « l'archétype, l'image originaire, est ce qui ne cesse de transparaître dans et à travers le *Bild*, et cela grâce à l'*Einbildung* »[4]. Ce lexique de l'image permet en outre de désigner l'étant à la fois comme *reflet* de l'identité absolue, dans lequel cette dernière se donne en son absoluité même

1. *Système*, SW VI, 169.

2. *PhiArt*, SW V, 393, fr. 86, traduction modifiée.

3. *PhiArt*, SW V, 386, fr. 76-77, traduction modifiée.

4. J.-F. Courtine, « De l'*Universio* à l'*Universitas* : le déploiement de l'unité », dans *Extase de la raison*, Paris, Galilée, 1990, p. 113-148, ici p. 130.

(puisque rien n'*est*, si ce n'est en elle), et comme sa *condensation* (*bilden*, former, configurer – qui fait écho au *Dichtungsvermögen* de 1800) – condensation qui n'est toutefois telle que pour autant que le *savoir* la rapporte à l'identité qui la fonde. L'être de l'image est l'être même de l'identité absolue, il n'en dérive ni n'en sort; et pourtant il faut comprendre l'image en même temps (en sa *forme* d'image) comme l'autre de l'identité – tel le reflet dans un miroir, elle ne peut être strictement *identique* à ce qu'elle reflète qu'à la condition d'en être purement *séparé* (*abgesondert*), ou de lui être op-posé.

Dans cet être du principe – dans cette nature affirmative ou si l'on veut poïétique de la raison absolue – s'enracine la tâche de la philo-sophie. Elle n'est rien d'autre que la présentation systématique de tout ce qui est comme manifestation totale de l'identité absolue : elle « n'a, dans tous les objets, qu'un seul objet »[1] et sa vocation consiste à expliciter, par-delà la diversité phénoménale, toute chose comme reflet (*Reflex*) du tout. L'activité du philosophe est donc double : l'*intuition* saisit l'unité sous-jacente à l'opposition des contraires, et la *construction* présente cette unité en un tout organique, elle montre en quoi tout ce qui est est une forme déterminée de l'absolu. Il ne s'agit pas d'expliciter un devenir-fini de l'absolu, au sens d'une création ou même d'une émanation : « la vie éternelle et temporelle de toute chose n'est qu'une seule et même vie »[2]. Il n'y a réellement qu'un seul monde, un seul Tout, chaque chose s'efforçant à sa manière de donner une image (plus ou moins parfaite) de l'absoluité du Tout. La philo-sophie, dès lors, « repose entièrement sur la possibilité de concevoir la particularité dans l'absoluité et celle-ci dans celle-là »[3], c'est-à-dire sur la répétition en nous du double mouvement de l'imagination « divine », « in-formation » (*Hineinbildung*, ou *Einbildung*, qui signifie

---

1. *PhiArt*, SW V, 367, fr. 58.

2. Schelling, *Aphorismes sur la philosophie de la nature* (1806) [= *Aphorismes II*], n° CCXXV, SW VII, 240; trad. fr. J.-F. Courtine et E. Martineau dans Schelling, *Œuvres métaphysiques 1805-1821*, Paris, Gallimard, 1980, p. 111.

3. Schelling, *Leçons sur la méthode des études académiques* (1803) [= *Méth. acad.*], SW V, 278, trad. fr. J.-F. Courtine et J. Rivelaygue dans *Philosophies de l'Université : l'idéalisme allemand et la question de l'université*, L. Ferry, J.-P. Pesron, A. Renaut (éds.), Paris, Payot, 1979, p. 41-164, ici p. 100.

aussi « imagination ») ou configuration de l'universel dans le particulier, « rétro-formation » ou reprise (*Zurückbildung* ou *Wiederein-bildung*) – dissolution – du particulier dans l'universel[1].

La diversité du réel n'a donc droit de cité en philosophie que pour autant qu'elle est pensée à partir de l'auto-position de l'Un indivisible, de son affirmation de soi sous différentes déterminations que Schelling appelle *puissances* (*Potenzen*)[2]. Chaque puissance est, en tant que forme de l'absolu, à concevoir comme un mode particulier de l'identité du subjectif et de l'objectif, de l'idéal et du réel. Cette identité peut s'exprimer réellement (première puissance, la nature), idéellement (deuxième puissance, l'histoire, le monde de l'action humaine), ou dans l'unité éternelle de l'idéal et du réel (troisième puissance qui s'exprime dans le système de la philosophie)[3]. Cette configuration des trois puissances se répète à tous les degrés de la réalité – ainsi, la première puissance peut être vue elle-même réellement (matière), idéalement (lumière) ou comme l'indifférence du réel et de l'idéal (organisme); il en va de même pour la deuxième puissance qui se « potentie » elle-même en nécessité et liberté, l'art étant l'indifférence du réel et de l'idéal (du savoir et de l'agir) dans l'idéal[4]. Etc. « Construire » le système des puissances de l'identité absolue, en exposant l'organisme fractal de sa répétition, voilà ce que tentent l'*Exposition* de 1801, le *Système* de 1804, et, sous l'angle particulier des formes artistiques, les cours sur la *Philosophie de l'art* de 1802-1803[5] : autant de variations sur le thème de la vision, universellement déclinée et organiquement configurée, de l'infini *dans* le particulier. L'organe de la philosophie est en effet l'*intuition intellectuelle* (que Schelling appelle, aussi bien, intuition rationnelle), « la faculté de voir

---

1. Sur cette terminologie, cf. *Expositions ultérieures tirées du système de la philosophie* (1802) [= *Expositions ultérieures*], SW IV, 418-422; *Méth. acad.*, SW V, 281-282, fr. 103-104; *PhiArt*, SW V, 505-506, fr. 194-195.

2. Cf. *PhiArt*, SW V, 366, fr. 56.

3. *Cf.* par exemple *PhiArt*, SW V, 380, fr. 71-72.

4. *PhiArt*, SW V, 380, fr. 72.

5. Pour ne citer que les ouvrages dont le mode d'exposition lui-même est systématique, et non dialogique ou aphoristique.

l'universel dans le particulier, l'infini dans le fini, tous deux réunis dans une unité vivante »[1].

Toutefois, «Dieu» étant «absolument éternel»[2] et absolument un, Schelling soutient tout autant que le particulier tel qu'il se présente *hic et nunc* à la connaissance ordinaire, le phénoménal dans sa diversité et sa temporalité, *n'est pas* l'identité absolue. La conscience finie n'a affaire qu'à un monde de particularités infiniment diverses, s'excluant les unes les autres, et dont, en même temps, l'existence n'est jamais que déterminée ou posée par une autre[3]. Aucune chose effective ne réalise entièrement son concept, nulle donc ne subsiste par soi. Dans la réalité temporelle (qui n'existe que selon la perspective de la conscience finie), l'universel et le particulier qui ne font qu'un dans l'absolu sont dissociés : en ce sens précis, les choses particulières ne *sont pas* l'Un, et comme l'Un est Tout, elles ne sont à proprement parler *rien* par elles-mêmes. Considérées séparément de l'Être unique, les choses concrètes existantes *ne* sont *pas* : «Le non-être relatif du particulier en regard du Tout, saisi comme non-être relatif, est l'être concret, effectif »[4]. L'existence phénoménale comme telle est donc un non-être (*Nichtseyn*)[5] relativement à l'identité.

Une tension fondamentale traverse ainsi le projet même de la philosophie de l'identité. D'une part, elle veut comprendre l'identité (ou l'*idée*) comme vivante, et même comme existante; l'être de la raison absolue est la configuration d'un univers, c'est-à-dire d'une infinité de formes qui ne sont en leur fond qu'une et même; il faut donc dire et répéter qu'il n'*y a* qu'*un* seul monde :

---

1. Schelling, *Expositions ultérieures*, SW IV, 362.

2. *Système*, SW VI, 158.

3. Cf. *Exposition*, SW IV, 130-131, fr. 64. Également : «Aucun singulier [*kein Einzelnes*] n'a en soi-même le fondement de son être-là» (*Système*, SW VI, 193); «chaque être singulier est déterminé par un autre être singulier» (SW VI, 194). En ce sens, la réalité d'une chose singulière consiste précisément dans la non-réalité (*Nicht-Realität*, SW VI, 195), qui coïncide pour Schelling avec le règne de (ou la compréhension des choses en fonction de) la loi de causalité. Notons qu'en allemand *einzeln* désigne aussi bien le «singulier» que le «particulier».

4. *Système*, SW VI, 189.

5. Cf. *Système*, SW VI, 187.

> quand comprendra-t-on enfin que, contre la science que nous [*Schelling*] enseignons et dont nous avons la claire connaissance, immanence et transcendance sont des termes complètement et également vides, vu qu'elle abolit précisément cette opposition même et que tout en elle conflue vers un unique monde empli de Dieu?[1].

D'autre part, il est clair que la vie temporelle, nous renvoyant d'une cause à son effet, d'un opposé à l'autre, ne saurait en tant que telle être adéquate à l'unité absolue et à l'éternité de l'idée. En ce sens,

> la philosophie ne vit que dans les idées, elle laisse les physiciens, les astronomes etc. s'occuper des choses singulières effectivement réelles[2].

Comment, dès lors, l'unité du fini et de l'infini peut-elle se présenter dans les choses existantes? Si le particulier, en tant qu'il existe dans l'espace et le temps, n'est pas la manifestation de l'identité mais plutôt sa négation, que signifie « voir l'universel dans le particulier »? Comment penser le particulier, s'il doit pouvoir présenter l'unité du fini et de l'infini?

À cette question, Schelling avait dès 1797, au seuil de sa philosophie de la nature, répondu en interprétant Leibniz au prisme de la philosophie transcendantale: c'est l'*individu* qui est le siège et la force productrice de l'unité du fini et de l'infini. Pas de passage de l'infini au fini là où les deux sont « *originellement* » unis, « et cette union *originelle* n'est nulle part ailleurs que dans l'essence d'une nature individuelle »[3]. La philosophie de l'identité, comme nous allons le voir, redéploie cette réponse au-delà d'une interprétation strictement transcendantale, dans la configuration d'ensemble qui lui est propre.

---

1. Schelling, *Sur le rapport du réel et de l'idéal dans la nature* [préface de 1806 à l'*Âme du monde*], SW II, 377.

2. *Méth. acad.*, SW V, 261, fr. 86.

3. Schelling, *Idées pour une philosophie de la nature comme introduction à l'étude de cette science* (1797) [= *Idées*], Introduction, SW II, 37. Voir Ch. Asmuth, « Leibniz – Identität und Individualität im Denken F.W.J. Schellings », dans *Nihil sine ratione. Mensch, Natur und Technik im Wirken von Leibniz*, VII. Internationales Leibnizkongress, Nachtragsband, Hannover 2002, p. 135-141.

IDENTITÉ ABSOLUE ET INDIVIDUATION

La raison absolue comme organisme des idées

À partir de 1802, la philosophie de l'identité absolue tend à se développer en une philosophie des *idées*, configurations déterminées de l'essence une et indivisible qui permettent de penser une médiation entre cette dernière et la réalité finie. L'*idée* n'est pas un concept universel abstrait, mais bien « le particulier même, dans la mesure où il est en Dieu en tant que vérité éternelle »[1] – l'être de la chose, pour autant que chaque chose qui est ne peut être que (dans) l'identité absolue. En effet, si l'identité absolue est « absolument (*schlechthin*) infinie »[2], son infinité ne saurait être opposée à un fini qu'elle ne serait pas : le fini est bien plutôt l'une des dimensions de son rapport à soi. Les « idées » sont ainsi les « archi-configurations » (*Urgestalten*)[3] qui chacune l'accueillent toute entière. Elles sont « finies » dans la mesure où elles sont conceptuellement distinctes, sans pour autant avoir par elles-mêmes de réalité indépendante ; la distinction des formes éternelles de la raison reste éternelle et elle-même purement « idéelle ». Schelling élabore ainsi la notion d'un « fini » qui n'est pas le fini de l'existence phénoménale, spatio-temporelle – une *finité* plutôt qu'une finitude. Il fait dire à son propre représentant dans le dialogue *Bruno* :

> [...] rappelle-toi que dans cette unité suprême, que nous considérons comme l'abîme sacré, duquel tout sort et auquel tout retourne, par rapport auquel l'essence est forme et la forme essence, nous posons il est vrai d'abord l'infinité absolue, mais ensuite, non point en opposition, mais au contraire en totale conformité avec elle, cet infiniment fini, suffisant, jamais limité lui-même et ne la limitant point, toujours présent hors du temps [*das zeitlos gegenwärtige und unendliche Endliche*] ; nous les posons tous deux comme une seule chose, discernables et distincts dans le phénomène seulement, mais ne faisant rigoureusement

---

1. Schelling, *Aphorismes pour introduire à la philosophie de la nature* (1806) [= *Aphorismes I*], n° 99, SW VII, 162, fr. 42. Cf. *Système*, SW VI, 183 ; *Expositions ultérieures*, SW IV, 405-406.

2. *Exposition*, SW IV, 118, fr. 51.

3. *Système*, SW VI, 183.

qu'un selon la chose même, quoique éternellement distincts selon leur concept, comme la pensée et l'être, l'idéal et le réel [1].

Il y a donc déjà de la particularité – de la finité – dans le savoir absolu, celle-ci n'est pas purement le fait de la conscience finie comme telle [2]. Cependant cette finité n'implique pas de séparation réelle des idées les unes par rapport aux autres ; comme dans le *nous* plotinien, le particulier est le Tout, et le Tout n'est que dans et par le particulier [3]. Chacune des formes « finies » de l'identité absolue ne tient sa vie propre que de son *être-dans* l'identité absolue. On peut suggérer ici une analogie avec le thème théologique des « noms divins » : alors qu'attribuer à un être fini la beauté *n'est pas* lui attribuer la bonté, lui attribuer la justice n'est pas lui attribuer l'équité, etc., en revanche les attributs divins ou noms de Dieu sont des qualités infinies qui ne s'excluent pas les unes les autres : en Dieu, qui est Un et Tout, la beauté *est* la bonté, l'unité *est* la totalité, etc.

Pourtant le problème du « passage de l'infini au fini, de l'unité à la multiplicité » [4], de la particularité idéelle à la singularité effective reste entier. En effet, les idées ne déterminent pas directement les choses particulières. Schelling note dans les *Aphorismes pour introduire à la philosophie de la nature* (rédigés en 1805) :

L'essence des choses résolue en Dieu, c'est-à-dire l'essence du particulier, pour autant qu'elle est aussi immédiatement être, et conformément à cela, position infinie de soi-même, a reçu des Anciens le nom d'*idéa* [5].

L'idée, c'est donc l'unité de l'essence et de l'être dans le particulier ; mais précisément la chose particulière effective n'est pas purement cette unité. Une chose existante est déterminée, elle est même le « concept total (*Inbegriff*) » de ses déterminations, mais celles-ci, en tant qu'elles supposent une *séparation* de la chose ainsi déterminée par rapport à toutes les autres choses, ne sont pas l'idée mais bien

---

1. *Bruno*, SW IV, 258, fr. 89, traduction modifiée.

2. *Cf.* J. Schlanger, *Schelling et la réalité finie*, Paris, PUF, 1966, p. 133-134.

3. *Cf.* W. Beierwaltes, « Absolute Identität. Neuplatonische Implikationen in Schellings *Bruno* », dans *Philosophisches Jahrbuch*, 1973 (80), 2. Halbband, p. 242-266, ici p. 255.

4. *PhiArt*, SW V, 388, fr. 81.

5. *Aphorismes I*, n° 98, SW VII, 162, fr. 42.

plutôt autant de *négations* de l'idée[1]. Les choses individuelles sont dans cette mesure *séparées* de l'Un et Tout – qu'on les considère selon leurs déterminations conceptuelles ou, plus encore, selon leur existence concrète (détermination par la situation dans l'espace et le temps).

Le tour de force – induisant, sans doute, un équilibre précaire – de la conception schellingienne de l'individuation va consister à mettre en évidence, au fil des textes de la période de l'identité en leurs tonalités diverses, que cette séparation ou scission individuelle par rapport à l'absolu, loin de faire obstacle au déploiement d'une philosophie spéculative de l'exposition de l'absolu, est bel et bien condition de la manifestation de l'absolu pour notre connaissance.

D'une part, l'individualité, en tant qu'unité et identité à soi, formation d'un tout (plus ou moins) autonome, est « empreinte » et « sceau » de l'identité absolue. Toutefois l'individuel n'est pas seulement l'un et l'identique, mais aussi l'absolument différent de tout autre : à ce titre il faut également penser l'individualité comme non-être de l'identité. Or, Schelling ne se contente pas de souligner que la première dimension de l'individualité est une condition positive de manifestation de l'absolu : loin de penser la détermination individuelle du concret (deuxième sens de l'individualité)[2] comme une entrave à cette révélation, il la présente elle aussi comme sa condition de possibilité.

L'individualité (identité à soi) comme « sceau »[3] de l'identité absolue

N'est objet de construction et par là de la philosophie que ce qui est susceptible, en tant que particulier, d'accueillir en soi l'universel[4].

---

1. Cf. *Système*, SW VI, 189.

2. Schelling reprend de manière critique les deux caractéristiques de l'individualité mises en évidence par Aristote dans la *Métaphysique* : l'individu est 1) ce qui est déterminé, le *todé ti* par opposition à l'universel comme tel (*Métaphysique* Z, 1, 1028a26), et 2) ce qui a l'existence séparée, ce qui n'a pas besoin d'autre chose que soi pour subsister dans l'existence (*Métaphysique* Z, 1, 1028a34 ; aussi K, 2, 1060b22).

3. *Bruno*, SW IV, 233, fr. 59.

4. *PhiArt*, SW V, 369, fr. 59.

Or le particulier est susceptible d'accueillir en soi l'universel – nous allons le voir – parce qu'il est individuel.

En effet, comme *unité* et *identité à soi*, comme être-un, l'individu ne peut être que la répétition de l'Un ou identité absolue. Mais comme rien n'est *hors* de l'identité absolue, cette « répétition » ne vient pas après coup, après une « première fois » dont elle ne serait que l'écho ; elle *coïncide* au contraire purement et simplement avec l'être-là, ou l'existence, de l'absolu. Schelling va jusqu'à dire que si l'on supprimait les choses singulières, comme « uni-formations (*Ineinsbildungen*) » de l'absolu, c'est « la substance même » que l'on supprimerait alors [1]. C'est que l'individuel n'est pas le produit, ontologiquement dégradé, de l'identité, mais pour ainsi dire son être-soi-en-un-autre. Cela revient à dire que, considéré comme un tout (une unité), c'est-à-dire *par rapport à lui-même*, l'individuel est lui-même absolu et, précisément dans cette mesure, est susceptible d'« accueillir en soi » l'absolu. En ce sens, la considération de la chose *dans son autonomie*, la contemplation du singulier en sa configuration propre, caractérise essentiellement le regard philosophique : « c'est précisément l'exigence de la raison que de considérer toute chose en soi-même, comme s'il n'y avait rien hors d'elle » [2]. S'il ne doit pas y avoir seulement le bloc massif et ineffable de l'Un mais, aussi bien, son articulation en un *système des êtres* (si donc il doit y avoir, aussi, quelque chose comme la philosophie), les singularités sous lesquelles il s'articule doivent être tout aussi absolues que l'absolu. « Ou bien il n'existe pas du tout de choses particulières, ou bien chacune d'entre elles est, à elle seule, un univers » [3].

Reformulons. Manifester l'absolu, pour le fini, ce n'est pas faire référence à autre chose que soi, mais bel et bien être soi-même, être identique à soi et ainsi, de ce fait même, séparé de toute autre chose que soi. Si l'absolu se monnaie dans les choses en « totalités relatives » ou « unités relatives » de l'être et de la pensée, du fini et de l'infini, cette unité relative est très exactement

---

1. *Aphorismes II*, n° XXXIX, SW VII, 206, fr. 82.

2. *Aphorismes I*, n° 199, SW VII, 181, fr. 58. Cf. *Aphorismes I*, n° 220, SW VII, 188, fr. 64 ; *Aphorismes II*, n° CLXXIX, SW VII, 233, fr. 105.

3. *PhiArt*, SW V, 389, fr. 81.

ce par quoi la chose s'isole de la totalité des choses et persévérant dans son isolement [*Absonderung*], demeure éternellement la même, différente des autres, égale seulement à soi-même [1].

Il n'est pas encore question ici de la chose comme chose concrète en sa vie temporelle, mais de la chose en tant que son concept est («éternellement») distinct du concept d'une infinité d'autres choses. Aucune chose ne peut *être* sans l'«inséparabilité» de la pensée et de l'intuition (de l'idéal et du réel), et aucune ne peut être comme *elle-même*, comme telle chose déterminée, «sans une égalité déterminée de la pensée et de l'intuition»[2]. La chose concrète, à son tour, est une réalisation (partielle) de son propre concept c'est-à-dire de cette «égalité déterminée».

> Les choses singulières donc se seraient séparées du même en soi et pour soi par ce qu'il y a en elles de discernable et de particulier, quoique dans la temporalité elles aient emporté *en ce qui fait leur identité à soi et leur individualité* une empreinte et en quelque sorte le sceau de cet indivisible absolu[3].

Mais si c'est à proprement parler – comme l'affirme ici Schelling – l'*identité individuelle* de chaque chose qui est en elle le «sceau» de l'absolu (non pas sa lueur donc, mais bien *lui-même* se configurant réellement, s'imprimant dans une matière qui le montre sans le trahir), alors le paradoxe est ici au plus aigu. C'est dire en effet que chaque chose *est*, est d'un être qui est *identiquement* aussi celui de toutes les autres choses qui sont, *précisément en ce en quoi elle se sépare* et se distingue de toutes les autres choses qui sont. Cela même qui dans une chose est absolument différent de toute autre, serait exactement aussi cela même qui l'identifie à toute autre chose[4].

Il y a là une contradiction que la philosophie de l'identité ne va pas jusqu'à formuler aussi nettement (et pour cause), et qui cependant revient sous forme de paradoxe. Plus un être est «séparé», ou plus il

---

1. *Bruno*, SW IV, 263, fr. 96.
2. *Bruno*, SW IV, 259, fr. 91.
3. *Bruno*, SW IV, 233, fr. 59, traduction modifiée, nous soulignons.
4. *Cf.* Ch. Asmuth, «Leibniz – Identität und Individualität im Denken F.W.J. Schellings», art. cit., p. 141.

est « individuel », et plus il s' « ouvre à l'unité » c'est-à-dire est susceptible de la manifester, nous dit par exemple le *Bruno*[1]. C'est pourquoi d'ailleurs le développement de l'individuation, de la pierre à l'humain en passant par l'animal, coïncide avec une manifestation de plus en plus prégnante de l'absolu :

> Certes les formations de ce qu'on appelle la nature inanimée, à cause de l'éloignement dans lequel elles nous montrent la substance, ne [...] feront que pressentir [à l'observateur] la force de cette nature à la manière d'un feu qui couve ; mais on ne peut manquer de reconnaître ici aussi, dans les métaux, dans les pierres, dans la force démesurée dont toute existence est une expression, le puissant instinct de détermination, voire d'individualité de l'existence. La substance, comme surgie d'inscrutables profondeurs, lui apparaît déjà dans les plantes et les végétaux (en chaque fleur qui déploie ses pétales semble se ressaisir le principe non pas simplement d'une seule chose, mais d'un grand nombre de choses), jusqu'à ce que, hypostasié dans les organismes animaux, l'être d'abord abyssal [*das erst grundlose Wesen*] se rapproche de plus en plus de celui qui le contemple, et le fixe de ses yeux grand ouverts et expressifs[2].

L'homme est alors le point de retournement où l'individualité prenant conscience d'elle-même – et se sachant dès lors capable de se séparer volontairement, absolument, de l'absolu – est simultanément au plus près *et* au plus loin de l'absolu (problème qui sera repris dans l'écrit de 1809 *Sur l'essence de la liberté humaine*). Sommet de l'« échelle des êtres » selon l'individuation, l'homme représente l'achèvement de cette dernière, le point où la raison absolue en vient au savoir de soi-même et complète ainsi de manière décisive la « révélation » divine – mais aussi peut-être son point le plus fragile, où dans la différence des sexes, la maladie et la mort, l'harmonie

1. *Bruno*, SW IV, 260, fr. 92. Dans la même perspective, J.-F. Marquet qualifie de « sophisme particulièrement adroit » l'usage que fait Schelling, dans la dissertation de 1806, *Sur le réel et l'idéal dans la nature*, du concept d'unité en deux sens en réalité bien distincts : « soit comme désignant "l'identité de l'essence", du lien universel, soit comme l'ipséité même de chaque individu » (*Liberté et existence. Étude sur la formation de la philosophie de Schelling*, Paris, Gallimard, 1973, p. 342).

2. *Sur le rapport du réel et de l'idéal dans la nature*, SW II, 378.

unissant microcosme individuel et macrocosme universel semble particulièrement susceptible de se rompre [1].

De manière générale, ce n'est qu'en étant le plus parfaitement *lui-même*, dans toute l'acuité de sa particularité, que l'individu présente l'identité absolue – une thèse qui est récurrente et essentielle chez Schelling [2]. Seul ce qui est soi-même absolu peut présenter l'absolu. Or n'est soi-même absolu que ce qui est *absolument soi-même*, que ce qui subsiste par soi ou encore est *autonome*. « Seul l'absolu est dans l'absolu; seul l'autonome supporte le Tout [*nur Selbständiges duldet das All*] » [3]. La philosophie de l'identité, a remarqué Horst Folkers [4], a ainsi tendance à évoluer vers une détermination de l'individualité en termes d'autonomie, voire de liberté.

Or, pour un individu, « être soi-même » – pour autant que l'on ne se contente pas ici d'une tautologie – c'est faire coïncider en lui-même son concept avec sa particularité existante, c'est être *effectivement* tout ce qu'il *peut* être. Et lorsque le concept ou l'universel coïncide ainsi parfaitement avec l'intuition ou le particulier, par exemple dans l'organisme ou l'œuvre d'art, qui constituent dans la philosophie schellingienne des « particuliers privilégiés » [5], ce n'est pas seulement le concept de l'individu qui se trouve être *là*, mais, du même coup et indissociablement, l'identité absolue elle-même. S'il nous était possible d'intuitionner la plante particulière non pas simplement

---

1. Je remercie vivement J.-Ch. Lemaitre d'avoir attiré mon attention sur ce dernier point.

2. « [...] le moment où le particulier se sépare le plus décidément de l'absolu, où il échappe à sa contrainte pour se poser dans sa liberté, ce moment est paradoxalement celui où il habite au plus près de l'absolu lui-même, comme c'est seulement quand mon œuvre est achevée et m'a complètement échappé que je puis me reconnaître en elle », J.-F. Marquet, *Liberté et existence, op. cit.*, p. 241-242.

3. *Système*, SW VI, 187.

4. H. Folkers, « Zum Begriff des Individuums in der Identitätsphilosophie Schellings », dans *Philosophie der Subjektivität? Zur Bestimmung des neuzeitlichen Philosophierens*, H.M. Baumgartner et W.G. Jacobs (eds.), Stuttgart-Bad Cannstatt, Frommann-Holzboog 1993, vol. 2, p. 403-409, ici p. 407.

5. Pour reprendre l'expression de J. Schlanger dans *Schelling et la réalité finie, op. cit.*

comme « négation » du concept de plante (comme sa limitation ou sa détermination), mais bien comme identique à ce concept ou, selon les termes de Schelling, comme « dissoute » (*aufgelöst*) en lui, ce concept serait alors « immédiatement aussi concept du Tout, forme infinie, éternelle »[1]. Car « qu'est-ce qui est essentiel dans la plante [*das Wesentliche der Pflanze*], si ce n'est l'infini engendrement et l'infinie affirmation de soi-même »[2]?

Toutefois il faut observer ici que l'individu qui est susceptible de coïncider de la sorte avec son concept, c'est l'individu en tant qu'il *est*, identiquement, *son genre*; en revanche l'individu concrètement existant, celui qui est dans la *durée*, est toujours (plus ou moins) dans un décalage entre son concept et ce qui, de son concept, est offert à l'intuition, c'est-à-dire entre ce qu'il peut être et ce qu'il est effectivement[3]. Et, de fait, on constate dans le déploiement systématique de la philosophie de l'identité que de manière générale, c'est l'individu en tant qu'*égal à son idée* qui est susceptible de présenter le Tout, et non tel individu empiriquement existant, en tant que tel. Ainsi, c'est « *in specie* », précise Schelling, que l'individu *organique* est la réplique de l'identité absolue[4]; quant à l'*œuvre d'art*, elle est absolue non pas en tant qu'objet unique existant dans le temps et l'espace, mais pour autant que sa matière (la matière de *toute* œuvre d'art) est le dieu de la mythologie[5], en même temps individu et espèce[6]. Si donc les choses particulières nous révèlent l'identité absolue dans la mesure même où elles s'en sont détachées[7], toutefois la particularité dont il s'agit ici réside dans la détermination conceptuelle commune aux différents individus d'un même genre, et non dans la singularité effective de l'individu numérique existant en un point de l'espace et un moment du temps.

1. *Système*, SW VI, 184.
2. *Ibid.*
3. Cf. *PhiArt*, SW V, 376, fr. 67-68.
4. *Système*, SW VI, 377.
5. *PhiArt*, SW V, 405, fr. 97.
6. *PhiArt*, SW V, 406, fr. 97.
7. Cf. *Bruno*, SW IV, 259, fr. 91.

L'individualité (unicité concrète) comme «fulguration»[1] *de l'absolu*

L'être des choses dans le temps et dans l'espace, ce que Schelling en 1804 appelle leur être *concret, effectif* (*konkret, wirklich*), est, nous l'avons vu plus haut, la dimension des choses par laquelle elles *ne sont pas* dans l'absolu. Mais puisque rien *n'est*, à proprement parler, *hors* de l'absolu, il va falloir déterminer plus précisément la nature de ce «non-être-dans» l'absolu – ce qui engagera aussi directement le rapport de l'individualité, comprise cette fois comme unicité concrète, au principe de l'identité absolue.

> En vertu de l'autoaffirmation de l'absolu [...] est conférée au particulier aussi une *double vie*, une vie dans l'absolu – c'est la vie de l'idée [...] – et une vie *en soi-même*, qui ne lui revient toutefois en vérité que pour autant qu'elle est en même temps dissoute dans le Tout, [une vie] cependant qui, séparée de la vie en Dieu, n'est qu'une apparence de vie [*ein Scheinleben*][2].

Le particulier est vivant, de la vie même de l'absolu, en tant qu'il est identique à son idée; mais l'idée qu'est l'individu n'*est* pas *comme* particulière, car l'être de l'idée n'est rien d'autre que l'identité absolue[3]. L'individu n'est donc vivant *en lui-même* que pour autant que sa propre particularité se dissout dans l'idée (pour autant qu'il est une présentation *de son genre*). En ce sens, considéré à part soi, l'individu numérique n'a qu'une vie de façade; et s'il peut être dit vivant en un sens authentique, ce n'est pas du tout en vertu de ses conditions concrètes d'existence, avec les rapports de causalité dans lesquels il est engagé etc., mais seulement du fait que tout cela *n'est* plus *rien* dans l'absolu. Dans leur existence spatio-temporelle, les choses renvoient indéfiniment les unes aux autres et aucune n'a de véritable auto-suffisance. Leur unité sensible n'est qu'une unité

---

1. *Système*, SW VI, 187.
2. *Ibid.*
3. «Aucune chose de l'univers n'a d'essentialité [*Wesenheit*] *particulière*; l'essence, l'en-soi de toutes choses est bien plutôt seulement le Tout lui-même, et chaque chose n'est elle-même, pour autant qu'elle est dans le Tout, que *présentation du Tout*», *Système*, SW VI, 183.

simplement « confluente », que les *Aphorismes* opposent à l'unité divine, seule véritable [1]. Dès lors, la seule « vraie » vie qui peut revenir en propre à l'individu, c'est précisément celle dont il perd la propriété dans le Tout.

Cela revient à dire, d'abord, que la vie phénoménale, pour autant qu'elle s'oppose ainsi à l'idée, se caractérise par le « non-être relatif du particulier par rapport au tout » [2]. Le particulier, en effet, *est*, pour autant qu'il est une « totalité relative » ou encore pour autant qu'il est « pénétré du concept infini de Dieu et du Tout » [3], comme l'écrit Schelling en 1804. Mais il *n'est pas*, « pour autant qu'il est quelque chose pour soi » [4]. Ce que nous considérons habituellement comme des déterminations « positives » de la chose singulière, effective, n'a selon la perspective de la philosophie de l'identité *absolument aucune* positivité – le « positif » étant purement du côté de l'être auto-affirmé de l'identité comme tel – et n'exprime bien au contraire que le *non-être* de cette chose singulière [5]. « L'homme *singulier* par exemple est homme singulier non pas en vertu de l'idée, mais bien plutôt parce qu'il n'est pas l'idée, parce qu'il est négation de l'idée » [6]. Dans sa particularité même ou sa différence, le particulier est ainsi posé comme « négation relative par rapport au tout » [7] ou encore comme un « mixte » [8] d'être et de non-être.

La vie séparée de la chose singulière n'a donc d'être que pour autant qu'elle *s'annule* en tant que séparée, c'est-à-dire qu'elle se « dissout » dans l'absolu ou revient en son sein. Mais cela signifie qu'il faut comprendre le mode d'être de l'individu (concret, temporel) comme une *fulguration*, comme l'annulation simultanée de cela même qui vient d'être porté à l'être. L'« empreinte » individuelle de l'absolu ne se donne à notre conscience que comme aussitôt reprise

---

1. *Aphorismes I*, n° 113, SW VII, 164, fr. 44.
2. *Système*, SW VI, 187.
3. *Système*, SW VI, 181.
4. *Ibid.*
5. *Système*, SW VI, 189.
6. *Système*, SW VI, 191.
7. *Ibid.*
8. *Système*, SW VI, 190. Cf. *PhiArt*, SW V, 481, fr. 168 sur le phénomène comme « mixte d'essence et de puissance ».

dans l'absolu lui-même, car le particulier ne saurait « en même temps être absolu et jouir de la vie particulière comme particulière » :

> Dans l'affirmation éternelle de Dieu, il est, en un seul et même acte, créé et anéanti : créé comme réalité absolue, anéanti parce qu'il n'a pas de vie particulière pour soi séparable du Tout, mais précisément seulement la vie dans le Tout (fulguration [*Fulguration*] – rayonnement et reprise)[1].

En reprenant, explicitement à Leibniz[2] et implicitement à Jacob Böhme, l'image de la fulguration, ou, ailleurs, de l'éclair (*Blitz*), Schelling souligne que le non-être relatif du singulier par rapport au tout n'est pas à penser *parallèlement* à son être-image du Tout, mais bien *simultanément* avec lui. C'est dans la pointe même de sa particularisation que la chose singulière s'autonomise *et* s'annihile absolument, comme position *et* retrait de l'identité absolue. C'est d'un coup et d'un seul que sont posés *et* le non-être de la phénoménalité comme telle, *et* l'affirmation infinie de l'identité absolue par elle-même.

> L'affirmation infinie, en reprenant et en re-dissolvant en soi-même tout le particulier qui suit de l'idée de Dieu, ne laisse en arrière, telle l'éclair, que la figure inanimée, l'ombre, le pur néant du particulier, mais c'est précisément dans ce néant du particulier que s'exprime *au mieux* le Tout, en tant que substance toute-puissante, unique, *éternelle*[3].

Si l'individu ne montre l'absolu que pour autant qu'il est anéanti par l'absolu même, cet anéantissement n'a donc pas le caractère d'un dégât collatéral, mais bien celui d'une *condition de possibilité* de la manifestation de l'absolu. L'image de la fulguration montre que c'est *très exactement dans son non-être* relatif par rapport à l'absolu que le

---

1. *Système*, SW VI, 187.

2. « Loin que les choses soient sorties de l'auto-affirmation divine et soient et vivent désormais en tant que *choses*, les choses considérées en vérité, c'est-à-dire en leur essence, ne sont elles-mêmes que des irradiations ou, pour user d'une image de Leibniz, des fulgurations de l'affirmation infinie qui, de même qu'elles ne peuvent être qu'en elle et avec elle, de même sont aussi en elles-mêmes », *Aphorismes I*, n° 101, SW VII, 162, p. 42 ; voir n° 116. Schelling fait allusion au § 47 de la *Monadologie*.

3. *Système*, SW VI, 197.

singulier est susceptible de manifester l'absolu. L'éclair n'apparaît comme tel que « sur fond de nuit »[1] ; la lumière ne se donne elle-même à voir que dans et par l'obscurité (qui n'est toutefois elle-même pas visible sans la lumière). Cela même qui fait la nullité de l'individuel n'est pas seulement opposé par Schelling à l'identité absolue, mais tout autant désigné comme permettant *en tant que nul* la manifestation de l'absolu. Aussi l'image de l'éclair doit-elle être complétée par celle du reflet dans le *miroir* : de même que, lorsque je contemple mon image dans un miroir, je dois oublier la présence du miroir lui-même si je veux *me* voir, c'est-à-dire saisir ce qui fait l'unité de moi qui regarde, et du reflet – de même les choses singulières dans leur phéno-ménalité sont ce *rien* qui est *comme tel* indispensable à l'auto-position et à l'auto-connaissance de l'identité absolue. Il n'y a qu'un seul « acte de l'œil, par lequel il se pose, il se voit, et ne voit pas cela qui reflète (*das Reflektierende*), ne le pose pas » ; ainsi « le Tout se pose ou se voit *lui-même*, en non-posant, non-voyant le particulier »[2].

CONCLUSION

Le problème de l'individuation apparaît comme l'avancée d'une ambiguïté qui sous-tend toute la philosophie schellingienne de l'iden-tité. Comme idéalisme systématique, celle-ci veut déployer l'identité ou la raison absolue dans son existence comme univers, ou encore : penser l'*existence universelle* de l'Idée. Dès lors cette philosophie se déploie entre deux possibilités – et cette dualité n'apparaît pas *malgré* elle mais bien en conformité avec son intention fondamentale. D'un côté, en effet, elle ne peut soutenir que c'est l'existence phénoménale *comme telle* – celle des choses absolument singulières dans leur unicité – qui nous révèle positivement l'absolu : ce serait retomber dans un dogmatisme pré-kantien. D'un autre côté, pour éviter, tout autant, de succomber au dualisme, il faut affirmer qu'il n'y a qu'*un seul* monde : connaître l'absolu en son déploiement systématique, ce ne peut donc être qu'expliquer ce monde-ci – d'où l'intérêt schellin-

1. J.-F. Courtine, « De l'*Universio* à l'*Universitas* », art. cit., p. 127.
2. *Système*, SW VI, 197-198. Cf. *Aphorismes I*, n° 150, SW VII, 171-172, fr. 50.

gien pour la philosophie de la nature et la philosophie de l'art en leur orientation « réaliste » (ou idéal-réaliste). Il faut donc penser l'existence *à la fois* comme nulle (comme le contingent, l'irrationnel, par opposition à la raison absolue) et comme lieu de l'absolu. D'où une philosophie de l'identité *bifrons*, celle qui insiste sur le non-être des choses particulières existantes, et celle qui ira jusqu'à appeler, en 1806, « existence » l'absoluité même de l'absolu[1]. D'où, aussi, l'oscillation de cette philosophie entre un principe d'individuation conceptuel (la chose particulière comme forme déterminée de l'identité absolue), qui élude l'être-là spatio-temporel singulier, *et* une fascination pour la singularité comme telle, pour l'être fini dans son unicité, nécessaire dans sa nullité même à la manifestation de l'absolu.

Mildred GALLAND-SZYMKOWIAK

---

1. Schelling, *Exposé du vrai rapport de la philosophie de la nature à la doctrine fichtéenne corrigée* (1806), SW VII, 58.

LA QUESTION DE L'INDIVIDU ET DE L'INDIVIDUATION
CHEZ HUSSERL

Depuis Husserl, la phénoménologie s'est donnée pour mot d'ordre le retour aux « choses elles-mêmes »[1]. Séduisante formule, qui invite à retrouver sous les mots usés l'origine de toute phénoménalité, l'expérience native de la manifestation. Ainsi la phénoménologie prétend-elle faire de l'apparaître son domaine d'objet exclusif.

Car les « choses » en question, auxquelles renvoie le terme *Sachen*, ne sont pas les objets particuliers et contingents qui meublent le monde empirique, ces réalités matérielles que la langue allemande désignerait par le terme *Dingen*. Les « choses » nomment plus générale-lement ce qui doit être, aux yeux de Husserl, la véritable affaire de la pensée philosophique : les vécus de la conscience, les formes d'expé-rience où se joue la corrélation du sujet et du monde, les actes par lesquels quelque chose nous apparaît. Ainsi la phénoménologie se conçoit-elle prioritairement comme étude descriptive des actes de la conscience intentionnelle : elle analyse de manière privilégiée leurs structures générales et leurs différentes modalités (perception, imagination, conscience du temps et de l'espace, etc.).

Ce faisant, la phénoménologie semble fort peu disposée à la prise en considération de l'individu entendu comme singularité factuelle. À vrai dire, c'est même en se détournant de l'individu qu'elle formule son projet d'une science de l'être. Selon Husserl, l'intuition empirique

1. E. Husserl, *Recherches Logiques*, t. II, *Recherches I et II*, Paris, PUF, 1961 (= *RL*), Introduction, § 1, p. 6. Voir aussi E. Husserl, *Idées directrices pour une phénoménologie et une philosophie phénoménologique pures*, t. I, Paris, Gallimard, 1950 (= *ID I*), p. 63-64.

de l'individu, qui régit la connaissance naturelle du monde, doit ainsi être dépassée vers une théorie des essences, c'est-à-dire vers une théorie des légalités idéelles, universelles et *a priori* qui régissent le champ phénoménal.

Cependant, la question de l'individu, qui pouvait sembler bien vite réglée, resurgit comme on va le voir avec une certaine insistance au niveau de la considération de la vie subjective elle-même : en effet, il apparaît que celle-ci doit être pensée comme une incessante indivi- duation, où se décide tout à la fois le rapport à soi comme le rapport au monde.

L'INDIVIDU COMPRIS DU POINT DE VUE DE L'ESSENCE

Avec le premier livre des *Idées directrices*, Husserl réactive le vieux projet d'inspiration platonicienne d'une « science portant sur des essences »[1]. Pour réaliser l'idée d'une philosophie qui serait science rigoureuse et première, il conviendrait de procéder à la carto- graphie des régions de l'être afin d'exhiber les fondements onto- logiques des sciences empiriques. La phénoménologie trouve là sa première détermination, qui la définit comme science eidétique ou théorie de l'essence (*Wesen* ou *Eidos*)[2].

C'est tout d'abord en distinguant l'*essence* du *fait* que la phénoménologie eidétique affirme ses prétentions et ses droits. Elle s'inaugure ainsi de la critique de la connaissance naturelle du monde, laquelle n'appréhende que des faits. Pour Husserl, la connaissance naturelle demeure nécessairement dans les limites de l'expérience (*Erfahrung*). Elle ne connaît que des « réalités naturelles » (*Realitä- ten*)[3]. Plus précisément, son principal défaut est, aux yeux de Husserl,

---

1. *ID I*, Introduction, p. 7. C'est cependant en un sens non-platonicien qu'il convient de comprendre le concept d'essence (*ID I*, § 22).

2. *ID I*, Introduction, p. 9.

3. *Real* désigne toujours chez Husserl ce qui est posé comme réel dans l'attitude naturelle (*ID I*, § 1, p. 13-16 et 105-109). Il doit être distingué de ce qui est effectivement (*wirklich*), c'est-à-dire la relation du noème à l'objet (*ID I*, § 90, p. 310-315), comme de ce qui est *reell*, le non-intentionnel de la visée intentionnelle (*ID I*, § 38, p. 123).

qu'elle ne peut donner lieu qu'à des sciences portant sur du « fait » (*Tatsache*)[1].

Or le terme de « fait » ne désigne ici rien d'autre que l'existence empirique d'un individu *hic et nunc* :

> Dans l'expérience, les actes de connaissance fondamentaux posent le réel [*Reales*] sous forme *individuelle*; ils posent une existence spatio-temporelle, une chose qui a telle place dans le temps, telle durée propre et une teneur de réalité [*Realitätsgehalt*][2].

Les *faits* dont s'occupent les sciences issues de la connaissance naturelle, ce sont toujours des entités individuelles, relatives à une position spatio-temporelle déterminée. La critique de la connaissance naturelle est ainsi, en son fond, une critique de l'intuition empirique de l'individu qu'elle présuppose en permanence.

On peut à cet égard considérer que le premier chapitre des *Idées directrices I* s'acquitte d'une clarification lexicale, en reconduisant différentes formations langagières à un unique concept, le concept d'individu. Parler de « connaissance naturelle », de « réel », d'« existence » ou encore de « fait », c'est à chaque fois faire référence à un seul et même principe, celui de l'intuition empirique de l'individu.

De cette dernière, le paragraphe 3 du premier tome des *Idées directrices* donne la définition suivante :

> L'intuition empirique, spécialement l'expérience, est la conscience d'un objet individuel; par son caractère intuitif, « elle fait accéder l'objet au rang de donnée » [*Gegebenheit*] [...][3].

C'est ici essentiellement le rôle que joue cette intuition par rapport à notre activité de connaissance naturelle du monde qui se trouve

---

1. *ID I*, § 2, p. 16. Husserl renvoie au « matter of facts » de Hume (*ID I*, Introduction, p. 6) et au-delà, à la distinction entre relations d'idées et faits (cf. Hume, *Enquête sur l'entendement humain*, Section IV, I, Paris, GF-Flammarion, 1983, p. 85 : « Tous les objets de la raison humaine ou de nos recherches peuvent naturellement se diviser en deux genres, à savoir les *relations d'idées* et les *faits* »). Cette distinction correspond à la distinction d'origine leibnizienne entre jugements analytiques et jugements synthétiques. Les exemples de relations d'idées donnés par Hume sont tous empruntés aux mathématiques (théorème de Pythagore, 3x5=30/2, etc.).

2. *ID I*, § 2, p. 16, traduction légèrement modifiée.

3. *ID I*, § 3, p. 22.

précisé. L'intuition empirique de l'individu est la connaissance première, immédiate d'un objet *donné*. Parce qu'elle est donation de l'objet, elle est le point de départ obligé de toute connaissance ultérieure.

Tout le problème, selon Husserl, est que cette intuition empirique ne nous donne accès à la phénoménalité que sous une forme individuée. Il importe de bien comprendre les motifs de la critique qui s'engage alors. En effet, Husserl ne condamne pas la connaissance qui procéderait de l'intuition empirique de l'individu. Il ne reproche pas aux sciences empiriques leur inachèvement ou leurs insuccès, ou encore l'impossibilité dans laquelle elles seraient de connaître l'individu dans son individualité. Au contraire, l'individu est ici chose bien connue, chose par principe connaissable, puisqu'objet de science et on pourra noter qu'à ce titre l'individu n'est jamais compris comme une pure singularité ineffable et inconnaissable. Husserl ne conteste donc pas la réussite des sciences empiriques : elles nous procurent effectivement une précieuse connaissance des faits, c'est-à-dire des choses du monde considérées dans leur individualité.

La difficulté vient plutôt de ce que la connaissance naturelle ainsi gagnée sur l'individu nous rive trop exclusivement au « ceci là » (*Dies da*), c'est-à-dire à ce que l'individu a d'unique en un lieu et un moment donnés. Une telle connaissance présuppose toujours une position d'existence, dont elle ne peut se défaire. Certes, la connaissance naturelle présente bien le mérite de rendre l'individu intelligible, tout d'abord dans l'acte de désignation qui identifie le « ceci là », puis dans le repérage de ses propriétés. Mais dans cet effort, elle est toujours soumise à la détermination finie de la rencontre empirique de l'individu. Elle saisit effectivement l'individu dans son unicité, mais elle n'est pas capable de comprendre cet individu autrement qu'en lui-même et par rapport à lui-même.

Or il est pourtant possible, selon Husserl, de dépasser le point de vue de la connaissance naturelle pour comprendre l'individu à partir du point de vue de l'essence. L'intuition empirique de l'individu peut toujours être convertie en intuition eidétique : une conversion qui révèle ce qui fonde véritablement l'intuition empirique et fait du même coup clairement apparaître sa double détermination d'empiricité et d'individualité.

Pour échapper à la clôture du « ceci là », il faut avant tout prendre conscience de la *contingence* de l'individu, c'est-à-dire du fait que l'entité individuelle considérée pourrait fort bien ne pas être ce qu'elle est présentement :

> L'être individuel sous toutes ses formes est, d'un mot très général, « *contingent* » [*zufällig*]. Tel il est ; autre il pourrait être en vertu de son essence [1].

Le point de vue de l'essence est donc celui qui restitue la contingence de l'individu, contingence que Husserl appelle aussi « facticité ». Un tel point de vue rétablit la relativité de l'individu à l'égard d'une structure ontologique primordiale. Il comprend ce qui se présentait initialement comme unique comme une simple variation désormais pensée à partir d'un invariant. Il pense le contingent de l'individu à l'aune de ce qu'il y a en lui de nécessaire. En d'autres termes, l'individu n'est jamais si unique qu'il puisse disqualifier par avance tout repérage de « prédicats essentiels », dont l'ensemble constitue précisément la « spécificité » (*Eigenart*) de l'individu [2].

Cela signifie du même coup que l'essence n'est d'abord rien d'autre que le corrélat ontologique nécessaire de l'existence empirique de l'individu. L'essence n'est toujours, dans un premier temps, que ce qui fait *nécessairement* la spécificité de l'individu. En somme, l'essence est bien la structure *a priori*, l'invariance idéelle du « sens d'être » des individus, mais elle ne se comprend jamais que par rapport à eux. Elle est d'abord, en un premier sens, *quiddité*, en tant qu'elle résume essentiellement ce que la chose est. Husserl le rappelle par cette définition :

> D'abord le mot « essence » a désigné ce qui dans l'être le plus intime d'un individu se présente comme son « Quid » [*sein Was*]. Or ce Quid peut toujours être « posé en idée ». L'intuition empirique ou intuition de l'individu peut être convertie en vision de l'essence [*Wesensschauung*] (en idéation) [...] [3].

1. *ID I*, § 2, p. 16.
2. *ID I*, § 2, p. 17.
3. *ID I*, § 2, p. 19. Voir aussi p. 23.

De ce point de vue, la conception husserlienne de l'essence présente une proximité certaine avec la théorie de l'« espèce intelligible » chez Duns Scot[1]. Pour ce dernier en effet, l'espèce intelligible donne à connaître la quiddité de l'objet, son « ce que c'est », même en l'absence de ce dernier. Elle autorise une connaissance intellectuelle intuitive de la chose en acte et la connaissance abstractive qui néglige l'existence ou l'inexistence de la chose considérée.

Semblablement, au terme de la réduction eidétique husserlienne, qui est reconduction de l'empirique à l'essentiel, l'individu n'est plus que l'illustration concrète de l'essence.

> [...] il est certain qu'il n'est pas d'intuition de l'essence, si le regard n'a pas la libre possibilité de se tourner vers un individu « correspondant », et si on ne peut former, pour l'illustrer, une conscience d'exemple ; de même en retour il n'est pas d'intuition de l'individu sans qu'on ne puisse mettre en œuvre l'idéation et, ce faisant, diriger le regard vers l'essence correspondante que la vue de l'individu illustre d'un exemple [...][2].

Si l'individu n'est plus qu'exemple, la phénoménologie eidétique pourra s'attacher à la restitution exclusive de l'essence, en suspendant la position d'existence du fait individuel et en pratiquant une abstraction idéalisatrice. Celle-ci sera gagnée, en partie, par la considération des individus réels qui pourront apparaître comme autant de variations réelles de l'essence[3]. Elle le sera aussi, de manière décisive, par l'entremise de l'imagination, qui peut mettre fictivement à l'épreuve ses possibilités de réalisation de l'individu, comme autant de variations fictives de l'essence[4]. Les données de l'expérience, comme celle de l'imagination, permettent d'exemplifier l'essence. Corrélative-

---

1. Duns Scot, *Ordinatio*, II, distinction 3 (*Vat. VII*, 532-33). Cette proximité de vue, qui n'est toutefois pas une référence attestée, est mise en évidence par J. Widomski, « Essence and Individuation in Johannes Duns Scotus and Edmund Husserl », *Phenomenological Inquiry*, 10, 1986, p. 15-28.

2. *ID I*, § 3, p. 23.

3. « Sans aucun doute, l'intuition de l'essence a ceci de particulier qu'elle suppose à sa base une part importante d'intuition portant sur l'individu, à savoir qu'un individu apparaisse, qu'on en ait un aperçu [...] », *ID I*, § 3, p. 19.

4. Sur le procédé dit de la « variation eidétique », *ID I*, § 4 et surtout *Expérience et jugement. Recherches en vue d'une généalogie de la logique*, Paris, PUF, 1971, p. 412-445.

ment, que l'on recoure aux unes ou aux autres, il importe surtout de dégager l'invariant de la variation, qui structure nécessairement la contingence. Sous cette perspective, l'essence apparaît, à terme, en un second sens, comme l'unité commune à plusieurs entités indivi-duelles [1]. Elle n'est plus seulement quiddité, mais plus généralement structure commune de déterminations possibles. Elle est la condition de possibilité d'une diversité d'individus empiriques particuliers.

Dès lors, la phénoménologie pourra se donner pour tâche de compléter la théorie pure de la signification par une ontologie formelle et une ontologie matérielle. L'ontologie formelle considè-rera l'essence comme une forme vide et pensera formellement les rapports que les essences entretiennent entre elles : elle hiérarchisera les essences entre elles en distinguant des genres (le nombre en général) et des espèces (le nombre 2) [2]. L'ontologie matérielle déter-minera pour sa part les conditions de « remplissement » de l'essence, ou encore les conditions matérielles de son individuation empirique. Elle dégagera progressivement des régions de l'être (conscience, nature, esprit, etc.), auxquelles correspondent différentes sciences (phénoménologie, sciences de la nature, sciences de l'esprit, etc.) [3]. La rationalité des sciences factuelles pourra ainsi trouver sa justification dans le « système de l'*a priori* universel » [4].

Il reste qu'avant de réaliser cet ambitieux programme, la phénoménologie ne s'affirme progressivement qu'en se détournant de l'individu, en délaissant sa « facticité contingente » [5]. Husserl le reconnaît d'ailleurs explicitement :

---

1. On notera à cet égard la redéfinition du concept d'individu ultimement proposée par Husserl : « Un "ceci-là" dont l'essence matérielle est un concret s'appelle un *individu* », *ID I*, § 15, p. 54. « Concret » désigne le caractère absolument indépendant de la singularité eidétique.

2. *ID I*, § 12, p. 45-47.

3. *ID I*, § 59, p. 193 : « Chaque sphère d'être individuel, au sens logique le plus ample, susceptible de constituer une région isolable, commande une ontologie, par exemple la nature physique une ontologie de la nature, l'animalité une ontologie de l'animalité : toutes ces disciplines, qu'elles soient déjà arrivées à maturité ou postulées pour la première fois, tombent sous la réduction phénoménologique ».

4. Husserl, *Méditations Cartésiennes* et les *Conférences de Paris*, Paris, PUF, 1994 [= *MC*], Conférences de Paris, p. 37.

5. *Ibid.*, p. 40.

> La phénoménologie ne laisse tomber que l'*individuation* [*Indivi-
> duation*] mais elle retient tout le fond eidétique [*Wesensgehalt*] en
> respectant sa plénitude concrète, l'élève au plan de la conscience
> eidétique, le traite comme une essence dotée d'identité idéale qui
> pourrait comme toute essence se singulariser [*vereinzeln*] non
> seulement *hic et nunc* mais dans une série illimitée d'exemplaires [1].

On comprend dès lors que la réalisation de son projet ontologique
et gnoséologique puisse tout entière dépendre du geste de l'*épokhè*,
la suspension méthodique de la thèse d'existence qui fait le fond de
toute connaissance naturelle [2]. En cela, Husserl ne fait qu'assumer
avec conséquence le résultat de la distinction du fait et de l'essence,
et au-delà, de la critique de l'intuition empirique de l'individu.
L'*épokhè* consiste précisément à mettre « entre parenthèse », « hors
jeu » la position d'existence qui scelle le sens de l'individu. Il ne
s'agit pas de nier l'existence de l'individu, mais seulement de
suspendre le jugement que nous formulons spontanément à son
égard. Le procédé de l'*épokhè* n'est pas pur anéantissement, il nous
oblige simplement à renoncer à tout jugement portant sur l'existence
spatio-temporelle.

L'*épokhè* constitue le préalable nécessaire d'une phénoménologie
qui prend son point de départ dans la critique de l'intuition de
l'individu : elle invalide de manière systématique l'individu en tant
qu'individu pour autoriser la mise en majesté de l'essence. Plus
radicalement, c'est le fonctionnement naturel de la conscience, celui
de l'attitude naturelle en vertu de laquelle nous nous rapportons
couramment au monde, qui se trouve ainsi remis en cause. Le monde
naturel qui tombe sous le coup de l'*épokhè* ne peut plus m'apparaître
comme un monde objectif, comme une réalité substantielle et indépendante. Du même coup, les sciences qui se rapportent au monde
naturel et qui présupposent l'attitude naturelle se trouvent elle aussi
mises hors circuit. Tel est le prix que la phénoménologie semble prête
à payer pour affirmer l'originalité de son entreprise.

---

1. *ID I*, § 75, p. 239, traduction légèrement modifiée.
2. *ID I*, § 32, p. 101-104, ainsi que *MC*, § 8, p. 61-64.

LE PROBLÈME DE L'INDIVIDUATION SUBJECTIVE

La question de l'individu pourra sembler bien vite réglée : pour le phénoménologue, l'essence seule apparaît comme condition véritable de son intelligibilité.

Il sera cependant bien difficile d'en rester là. Car l'infinie diversité empirique des individus semble réduite à l'essentiel, mais elle se rejoue aussi au niveau de l'essence. En effet, l'être des essences devient lui-même éminemment problématique si on ne le réfère pas à l'instance de constitution qui scelle son unité foncière, laquelle ne peut être découverte ailleurs qu'au sein même de la conscience. En rester au niveau de la diversité eidétique, ce n'est pas encore accomplir le vœu inaugural de la phénoménologie, qui est de rendre compte de l'*origine* de toute manifestation, et non seulement de la manifestation elle-même. Or les essences ne font sens que pour la conscience, et seulement relativement à l'expérience que celle-ci a des objets qu'elle vise. La diversité eidétique peut donc être dépassée : ce qu'il faut alors faire apparaître, c'est l'activité créatrice, institutrice et constitutive de la conscience qui préside à la synthèse du sens des phénomènes.

Précisément, la conscience est cette région qui présente la singularité de ne pas tomber sous le coup de l'*épokhè*, c'est-à-dire de l'exclusion méthodique de toute position d'existence :

> La conscience a elle-même son être propre (*Eigensein*) qui dans son absolue spécificité eidétique n'est pas affectée par l'exclusion phéno-ménologique. Ainsi elle subsiste comme «résidu phénoménolo-gique» et constitue une région de l'être originale par principe et qui peut devenir le champ d'application d'une nouvelle science, la phénoménologie [1].

Ainsi la phénoménologie gagne-t-elle son domaine d'objet spécifique, celui des vécus ou actes de conscience par le moyen desquels se constitue le sens de toute phénoménalité. Car l'activité de la conscience a pour particularité de lier constamment le sujet à l'objet, et au-delà, la vie subjective au monde. La conscience ne

---

1. *ID I*, § 33, p. 108.

s'abîme pas dans la contemplation fusionnelle d'un ordre de l'être avec lequel elle se confondrait *in fine*.

En effet, la conscience a l'intentionnalité pour propriété fondamentale : elle est toujours conscience de, visée orientée vers l'objet[1]. La conscience n'est pas pour autant un réceptacle, une sorte de boîte noire, mais une relation téléologique orientée vers un point de focalisation. Être conscient, c'est toujours vivre sur un mode subjectif et objectif le rapport aux essences, c'est viser l'objet selon les structures légales *a priori* qui sont celles de toute vie subjective. La conscience est ainsi l'unité constitutive de l'expérience, le foyer d'une vie intentionnelle qui nous institue comme sujet relativement à des objets. En ce sens, on peut considérer que la théorie de l'intentionnalité nous préserve très heureusement de l'idéalisme de l'être et ce, afin de mieux asseoir un idéalisme du *sens* de l'être.

Cependant la phénoménologie ne se contente pas de procéder à l'inventaire des structures eidétiques de la région conscience. Elle établit la conscience comme la région absolue par rapport à laquelle les autres régions se trouvent constituées. Le sujet n'est donc pas hors du monde, il est plutôt l'instance de fondation de tout objet du monde : toute ontologie se résorbe en lui et ne peut être explicitée qu'en référence constante à celui-ci. En d'autres termes, la conscience n'est pas une simple collection d'actes ordonnée à la diversité eidétique, elle est aussi l'unité d'une vie subjective qui est la source de toute synthèse de sens.

Aussi la question de l'individu ne peut-elle manquer de resurgir quand il s'agit de penser l'unité de cette conscience sans la référer à autre chose qu'elle-même. Le paragraphe 64 du second tome des *Idées directrices* en donne la preuve éclatante[2]. Dans ce texte conclusif, au terme de l'investigation des régions ontologiques « nature » et « esprit », Husserl entend établir la « relativité de la nature » au regard

---

1. « Le mot "intentionnalité" ne signifie rien d'autre que cette propriété fondamentale et générale de la conscience qui est d'être conscience *de* quelque chose, de porter en soi, en tant que *cogito*, son *cogitatum* », *MC*, § 14, p. 78.

2. Husserl, *Idées directrices pour une phénoménologie et une philosophie phénoménologique pures*, t. 2, *Recherches phénoménologiques pour la constitution*, Paris, PUF, 1982 (= *ID II*), § 64, p. 399-405.

de « l'absoluité de l'esprit ». Sans grande surprise, Husserl reprend sa critique de l'intuition empirique de l'individu. La chose (*Ding*) naturelle est encore et toujours comprise en vertu d'une position d'existence qui lui assigne son ici et son maintenant. Cependant, Husserl radicalise sa critique de l'individu en installant la contingence au niveau même de l'identité de la chose :

> [la chose] n'est-elle pas, par principe, seulement une identité relative, quelque chose qui, au lieu de posséder comme par avance son essence et par conséquent de la posséder comme quelque chose qu'on pourrait saisir à tout jamais, possède au contraire une essence ouverte qui peut sans cesse recevoir de nouvelles propriétés, selon les circonstances constitutives de la donnée ?[1].

Certes, l'évocation d'une « essence ouverte » pourra paraître vague et la formulation est sans doute quelque peu hasardeuse[2]. Il n'en reste pas moins que l'idée d'une objectivité pure de la nature se trouve clairement et nettement récusée. L'essence de l'individu présente ceci de particulier qu'elle est ouverte aux circonstances. En somme, ce que la chose est au sein de la nature, elle ne le doit pas à une essence qui prescrirait *a priori* le détail de ses particularisations. Elle le doit avant tout aux *circonstances*, c'est-à-dire à un ensemble de relations causales dont dépend directement son existence empirique. Ainsi la chose n'existe-t-elle que par les relativités circonstancielles qui lient les choses de la nature en un tout homogène.

Mais ce qui apparaît aussi par là, c'est la relativité de la chose par rapport à la conscience qui donne sens à sa phénoménalité. Car si la nature est l'empire de la relativité généralisée, il faut alors reconnaître que les choses ne sont pas en elles-mêmes individuées : ce n'est jamais qu'aux yeux d'une conscience qu'elles apparaissent ainsi, sous les dehors du fait, comme des individus *hic* et *nunc*. C'est en ce sens bien précis que la nature est « relative » à l'esprit, ou plus particulièrement

---

1. *ID II*, § 64, p. 402.
2. Il faut néanmoins rappeler la distinction, établie par Husserl au § 74 des *Idées directrices I*, entre les « concepts morphologiques portant sur des types vagues de formes qui seraient directement saisis en se fondant sur l'intuition sensible » et les « concepts idéaux » qui sont par exemple ceux de la géométrie (*ID I*, § 74, p. 236-237).

dans le cas présent, à la conscience : la constitution de son sens dépend de l'activité de la conscience intentionnelle.

> Ce qui distingue deux choses identiques, c'est la connexion de causalité réale qui présuppose l'ici et le maintenant. Et, du même coup, nous sommes nécessairement renvoyés à une subjectivité individuelle, que ce soit une subjectivité singulière ou une subjectivité intersubjective, et c'est seulement en rapport avec elle que se constitue toute déterminité quant à la position de lieu et de temps. *Aucune chose n'a en soi-même son individualité* [1].

Ce qui décide de l'individualité de telle ou telle chose de la nature, c'est en définitive l'acte de conscience qui établit la position d'existence spatio-temporelle. Au terme de la critique de l'intuition empirique de l'individu, il convient donc de ne plus tenir l'individu pour une existence en soi, mais de le considérer comme une apparence relative à une « subjectivité individuelle ». La vérité de l'individu se trouve dans l'individuation subjective de son sens. Il serait ainsi erroné de considérer que le concept d'individu se trouverait purement et simplement évacué, comme s'il ne s'agissait que d'une production conceptuelle déficiente. Au contraire, le concept d'individu conserve toute sa pertinence pour autant que l'on restitue l'individuation subjective qui préside à l'émergence de son sens.

Il faut alors assumer toutes les conséquences de la critique de l'intuition empirique de l'individu. Si les choses ne sont pas véritablement le siège de leur individualité, c'est la conscience intentionnelle qui se trouve désormais au principe de l'individuation de toute chose. Tel est le pas que Husserl n'hésite pas à franchir :

> La seule et unique individualité originaire, c'est la conscience, concrètement avec l'*ego* qui est le sien. Toute autre individualité est une apparence et a le principe de son individuation dans l'apparaître effectif et possible qui, quant à lui, renvoie à une conscience individuelle [2].

Ainsi la question de l'individu n'est-elle pas simplement congédiée comme s'il ne s'agissait là que d'une question préalable. Elle se repose, sous une forme modifiée, au niveau de la conscience

---

1. *ID II*, § 64, p. 402.
2. *ID II*, § 64, p. 404.

elle-même. Plus précisément, c'est désormais l'individuation de la vie subjective qu'il convient de justifier, en rendant compte, qui plus est, de son caractère « absolu » :

> L'esprit, par contre, se constitue de vécus, de prises de position, de motivations. [...] son individualité ne lui vient pas seulement de la place déterminée qu'il occupe dans le monde. Une individuation absolue marque déjà l'*ego* pur de la *cogitatio* dont il s'agit chaque fois, laquelle est elle-même en soi une individualité absolue [1].

L'INDIVIDUATION DU SUJET : *EGO*, MONADE, PERSONNE

La théorie husserlienne du sujet appelle ainsi une théorie de l'individuation qui doit justifier de manière immanente l'unité foncière de la vie subjective. Néanmoins, compte bien tenu de ce qui a été dit de l'individu au cours de la critique de la connaissance naturelle, il faut ici se garder de comprendre trop strictement le sujet comme un individu d'un genre particulier. En effet, la critique de l'intuition empirique de l'individu invalide aussi l'acception psycho-sociologique de cette désignation. Certes, il est bien possible, comme le font par exemple la sociologie ou le sens commun, de penser le sujet par la catégorie de l'individu. Mais on ne fait alors qu'indiquer une relation d'appartenance à une communauté sociale déterminée : c'est encore situer l'individu (le sujet) dans le monde en procédant à une position d'existence, en cédant à nouveau aux travers de l'attitude naturelle.

La phénoménologie husserlienne se trouve donc tenue de penser l'individuation de la vie consciente, sans pour autant réduire le sujet au rang de l'individu. Car si la conscience a effectivement toujours son ici et maintenant, si elle doit être la même par-delà la diversité des vécus qui la constituent, ce ne peut être là le produit d'une position d'existence au sein de la nature homogène, mais bien plutôt de l'affirmation d'un vivre particulier, de la distinction d'une expérience de soi qui ne se résume pas à la facticité de son existence. Penser

---

1. *ID II*, § 64, p. 402-403.

l'individuation du sujet, c'est précisément tenter de restituer la *genèse* subjective de son ici et maintenant, en évitant de penser le rapport à soi comme simple position d'existence. Le sujet n'est précisément jamais individu, même s'il va toujours s'individuant.

Il se trouve que Husserl a consacré à cette question des développements importants. Sous la rubrique générale d'une théorie de l'individuation de la vie subjective, les analyses se distribuent selon trois registres plus déterminés, au sein desquels Husserl fait varier les *titres* du sujet : ego, monade, personne.

Une relecture du début de la quatrième des *Méditations Cartésiennes* peut ici servir de guide pour préciser les proximités et les différences qui lient ces trois désignations. En effet, la quatrième des *Méditations Cartésiennes* présente l'avantage de se situer explicitement dans le registre d'une phénoménologie génétique, attentive à la genèse de l'expérience, et de s'ouvrir sur une séquence qui s'efforce de distinguer nettement l'*ego*, la monade et la personne. Trois paragraphes successifs définissent ainsi l'*ego* comme « pôle identique des vécus » (§ 31), la personne comme « substrat des *habitus* » (§ 32), et enfin la monade comme « pleine concrétion du Je » (§ 33). Dans les limites qui sont celles de cette étude, nous nous contenterons de justifier cette distribution [1].

L'ego transcendantal

La phénoménologie s'est volontiers définie comme « un idéalisme qui n'est rien d'autre […] que l'auto-explicitation [*Selbstauslegung*] de mon *ego* en tant que sujet d'une connaissance possible […] » [2]. L'*ego* transcendantal est ainsi l'instance de référence primordiale autour de laquelle se définit la théorie phénoménologique du sujet. Un tel *ego* n'est plus le moi empirique, tombé sous le coup de l'*épokhè*. Il s'agit d'une identité qui se maintient par-delà la diversité des actes de la vie subjective. Cet *ego* est le principe premier d'individuation des

---

1. Nous devons à N. Depraz le repérage précis des axes et du développement de la problématique de l'individuation dans l'œuvre de Husserl : cf. Husserl, *Sur l'intersubjectivité*, *II*, Paris, PUF, 2001 (= *SI-2*), p. 423-427.

2. *MC*, § 41, p. 134.

actes de la conscience : il a pour fonction de centraliser tous les vécus. Pour autant, l'*ego* transcendantal n'est pas une structure formelle pré-existante. Il est le foyer de l'ensemble des prestations de la conscience. Pôle constituant de l'ensemble des vécus, il n'est rien sans ces vécus, même s'il ne se confond pas avec eux. L'*ego* désigne donc l'unité individuée des structures systématiques de la vie de la conscience, et cela seulement[1].

On retiendra la définition que le § 30 de la quatrième des *Méditations Cartésiennes* donne de l'*ego* :

> [...] l'*ego* transcendantal n'est ce qu'il est qu'en rapport à des objectités intentionnelles. [...] C'est donc, pour l'*ego*, une propriété essentielle d'avoir toujours des systèmes d'intentionnalité et aussi des systèmes intentionnels de concordance qui, pour une part, se déroulent en lui, pour une autre, sont à sa disposition pour être dévoilés grâce aux horizons prétracés et comme potentialités établies[2].

Historiquement, cette conception égologique de l'unité de la conscience s'est affirmée à partir des *Problèmes fondamentaux de la phénoménologie* de 1910/1911[3]. En effet, les *Recherches Logiques*, dans leur première version de 1901, se contentaient d'identifier le moi au « faisceau momentané des vécus »[4]. Devant la nécessité de penser un principe d'individuation et d'unification de la conscience, les *Idées directrices I* de 1913 réintroduisent le « moi pur » comme instance persistante de l'activité consciente dans la diversité de ses actes. Ce faisant, Husserl ne se contente pas de faire de tout *cogito* un acte du Je (*Ichakt*)[5], il entend aussi révéler l'*origine* égologique de tous les actes de conscience. Dans la séquence que composent les § 80 à 83 des *Idées directrices I*, le moi pur est ainsi pensé comme étant la *source* même des actes de la conscience. Véritable « transcendance dans l'imma-

1. *MC*, § 30, p. 112.

2. *Ibid.*

3. Husserl, *Problèmes fondamentaux de la phénoménologie*, Paris, PUF, 1991, p. 198-204. Sur l'apparition du « je pur », on se reportera à l'étude classique de E. Marbach, *Das Problem des Ich in der Phänomenologie Husserls*, La Haye, M. Nijhoff, 1974.

4. *RL II-2*, p. 179. Cette expression est une allusion à Hume.

5. *ID I*, § 35, p. 111-115.

nence »[1], le moi pur est donc distinct de l'ensemble des vécus, même s'il n'est rien sans les divers vécus qui viennent l'animer. En ce sens, la polarité égoïque ne vaut que par rapport à la multitude des vécus qui peuplent la conscience intentionnelle.

Sans doute l'analyse statique de la conscience permet-elle de rendre compte d'un premier mode d'individuation qui revient en définitive à penser l'*ego* comme *pôle* intentionnel subjectif. Mais les limites de ce type d'analyse se révèlent lorsque l'on veut penser ce que Husserl appelle « l'individuation absolue », celle qui se joue dans l'*unicité* d'un devenir[2], d'une genèse voire à la limite d'une « histoire » (désignation que Husserl emploie toujours, dans ce cas, avec de prudents guillemets). La théorie de l'*ego* qui vient d'être esquissée laisse entièrement de côté toute la problématique de l'auto-constitution de l'*ego*, en vertu de laquelle l'*ego* « se constitue en lui-même continuellement comme existant »[3]. C'est cette lacune de la théorie de l'individuation de la vie subjective que la phénoménologie génétique aura permis de surmonter.

La monade ou le « moi concret »

Vers la fin des années 1910, Husserl développe une théorie de la *monade* qui complète la théorie de l'*ego* en contournant ses limites. La monade est ici le titre inaugural de cette problématique décisive de l'auto-constitution de l'*ego*, laquelle ne se restreint pas à la seule question de la temporalité, même si celle-ci joue un rôle décisif. En effet, la référence à la monade est surtout mobilisée pour penser l'*unité* de la vie subjective dans la *totalité* et la *diversité* des actes et des vécus qui la constituent.

Husserl profite ici d'un renouvellement méthodologique de la phénoménologie, qui consacre l'apparition d'une phénoménologie dite génétique. Dès 1915, Husserl emploie ainsi le concept de genèse (*Genesis*) pour désigner le processus de concrétisation et d'individuation de l'expérience en général. La phénoménologie génétique est

---

1. *ID I*, § 57, p. 188-190.
2. *ID II*, § 64, p. 403.
3. *MC*, § 31, p. 113.

ainsi celle qui fait droit à la processualité de la constitution de l'expérience. Dans le cadre de l'analyse statique, le sujet pouvait bien changer, mais seulement en tant que corrélat subjectif de l'objet intentionnel. La corrélation du sujet et de l'objet demeurait foncièrement statique dans sa structure interne et la phénoménologie statique ne se donnait donc pas les moyens de rendre compte de la genèse de l'expérience. Dans le cadre de la phénoménologie génétique en revanche, la corrélation sujet-objet est appréhendée comme résultat d'un développement processuel qui mérite en lui-même attention. La recherche génétique est celle qui reconsidère l'activité constitutive de la conscience en découvrant la genèse subjective qui l'anime [1].

Cette définition de la monade conjugue en elle différentes problématiques en direction d'une théorie de l'individuation *génétique* du sujet : la monade apparaît successivement comme *unité d'un devenir*, comme *unité vivante de l'affectivité*, comme *individu concret* et enfin comme *facticité* [2].

a) Par monade, Husserl comprend tout d'abord « l'unité de l'être dans le devenir » ou encore « l'unité d'un développement (une genèse au sens précis) » [3]. La monade est donc tout autre que l'être statique de l'individu qui n'était qu'une « suite continuelle de stases » [4], c'est-à-dire une succession de présents référés à un être temporel statique. L'*ego* ne connaissait pas le changement, le devenir qui affecte,

---

1. On insistera à cet égard sur la complémentarité des deux méthodes. La phénoménologie génétique n'est pas l'autre de la phénoménologie statique, mais bien son complément, et c'est ainsi qu'il faut comprendre la nécessité du recours à la phénoménologie génétique. L'apparition de la méthode génétique, si elle révèle par contraste certaines limites de la méthode statique, n'en détermine pas le rejet. Husserl n'a jamais renoncé à la phénoménologie conduite en mode statique. Bien au contraire : les deux méthodes se complètent et répondent chacune à leur manière aux impératifs de la problématique générale de la constitution, et au-delà à la complexité de l'expérience dont on entend rendre compte. La distinction est d'ordre méthodologique ; il va de soi que dans l'expérience, dans la « vie de la conscience », les deux types de constitution se confondent et ne cessent de se renvoyer l'un à l'autre.

2. Une série de textes écrits à Sankt Märgen en 1920 ou 1921 permet de suivre les différentes étapes de la réélaboration de la notion et de détailler ses différentes dimensions (*SI-2*, p. 458-504).

3. *SI-2*, p. 458.

4. *Ibid.*

transforme et finalement individue. Le concept de monade remédie précisément à cette «lacune» et pense avant tout la temporalisation individuante de l'individu, c'est-à-dire son devenir unitaire immanent :

> La monade est une essence «simple», infragmentable, elle est ce qu'elle est en advenant continuellement dans le temps, et tout ce qui lui appartient se situe à une place quelconque de ce devenir continuel et possède son être en tant qu'unité temporelle dans ce temps immanent rempli [...] [1].

Cette définition de la monade assume ainsi l'évolution de la pensée husserlienne sur la question complexe de la temporalité et de la constitution du temps, évolution qui se joue notamment entre les *Leçons pour une phénoménologie de la conscience intime du temps* (à partir de 1904-1905) [2] et les fameux manuscrits de Bernau de 1917-1918 [3]. Comme l'enregistreront les *Méditations Cartésiennes*, le temps n'est alors plus la «forme universelle de toute genèse égologique» [4] : c'est désormais la temporalité elle-même qui s'édifie «dans une genèse passive constante et tout à fait universelle qui, par essence, embrasse tout ce qui est nouveau» [5]. Ainsi la genèse monadique renvoie-t-elle à l'ensemble des lois de la constitution temporelle originaire, qui sont les lois de l'association et de la reproduction.

b) Mais il faut reconnaître que cette unité est aussi nécessairement l'unité d'une vie affective. La monade n'est pas simplement une unité d'actes (ce qu'était encore l'*ego*), elle est plus largement unité d'actes et d'affects, unité du sujet faite d'activité et de passivité. Telle est la seconde dimension de la monade : une «unité de devenir vivant», plus précisément une «unité vivante qui porte en elle un moi comme pôle de l'agir et du pâtir» [6]. La vie monadique se déploie comme unité de

---

1. *SI-2*, p. 484.

2. Husserl, *Leçons pour une phénoménologie de la conscience intime du temps*, Paris, PUF, 1964.

3. Husserl, *Husserliana XXXIII*, *Die «Bernauer Manuskripte» über das Zeitbewußtsein (1917/18)*, Kluwer, Dordrecht, 2001.

4. *MC*, § 37, p. 123.

5. *MC*, § 39, p. 129.

6. *SI-2*, p. 484.

l'effectué et de l'affecté. À ce titre, la monade porte en elle une vie « cachée », que Husserl nomme aussi parfois « inconscient »[1].

C'est ici la thématisation phénoménologique de l'ensemble de la sphère de la passivité qui contribue décisivement à la pensée de la « vie intentionnelle » du sujet. L'individuation de la conscience se joue aussi dans les motivations associatives, des synthèses passives, qui révèlent un sujet qui est sourdement travaillé par sa propre passivité[2]. La monade correspond ainsi à « l'unité de la vie du moi en tant qu'agir et pâtir »[3].

Thématiquement parlant, le devenir-conscient du sujet s'illustre à travers les descriptions phénoménologiques de la pulsion, de l'instinct, de l'affectivité, de l'association, de l'habitude.

c) L'une des dimensions les plus remarquables de la monade réside sans doute dans sa *concrétude*. Comme le souligne un texte de 1921, la monade est l'autre nom du « moi concret », le « moi véritable de l'expérience interne », tandis que le « moi pur », l'*ego*, apparaît désormais comme « abstraitement identique »[4]. Identité inaltérable, le « moi pur » n'a ni propriétés, ni essence : « le moi n'est rien d'autre que le pôle sans qualité d'actes »[5]. La monade se comprend en regard comme une totalité d'expérience effective et potentielle, comme une totalité de moments interdépendants. La monade n'est pas pur devenir, mais se constitue unitairement dans une passivité affective qui retient toujours quelque chose de ce qui la précède. Le dynamisme de l'auto-temporalisation implique une endurance de soi, une persistance identitaire en fonction de quoi la monade n'est pas une forme vide, mais bien une genèse *concrète*. De ce point du vue, la monade dit bien plus que l'*ego* : grosse du devenir du soi, elle résume la totalité des actes de conscience effectifs et possibles : « L'*ego* monadique concret englobe en sa totalité la vie effective et potentielle de la

---

1. *SI-2*, p. 482.

2. Voir notamment les cours sur la « synthèse passive » prononcés de 1918 à 1926 : Husserl, *De la synthèse passive*, Grenoble, J. Millon, 1998.

3. *SI-2*, p. 495.

4. *SI-2*, p. 495.

5. *SI-2*, p. 494.

conscience»[1], note ainsi Husserl. La requalification de l'*ego* en monade nous permet de prendre la mesure de la plénitude de la vie subjective[2]. En d'autres termes, la monade pense l'individuation du sujet par l'ensemble de sa genèse, tandis que l'*ego* pense surtout l'individuation de la visée intentionnelle actuelle.

d) Ultimement, la monade se caractérise par une «facticité» d'un genre nouveau. En effet, celle-ci n'a rien plus d'empirique au sens où l'on pouvait entendre ce terme à partir de l'attitude naturelle. Cette facticité est celle de «cet *ego* de fait, le seul et unique *ego* absolu avec son contenu à chaque fois monadique et concret»[3]. En sa facticité, la monade a son «histoire» (*Geschichte*), qui est la somme des phases de son développement. Dans le cours de son devenir unitaire, chaque monade dispose d'une histoire «transcendantale» qui implique la possibilité d'une reviviscence du passé et ainsi la constitution d'un rapport à soi qui se joue entre le même et l'autre. Par cette histoire, l'*ego* se fait monade, se remplit d'un héritage qu'il ne doit qu'à lui-même : histoire ne désigne ici que le développement individuel et individué de la monade, non sa participation à une histoire d'ordre socio-historique. De manière tout à fait frappante, Husserl recycle donc le lexique de la critique de l'intuition empirique de l'individu pour la mettre au service de la théorie de l'individuation subjective[4].

Telles sont donc en somme les différentes dimensions de la monade que la phénoménologie génétique s'emploie spécifiquement à décrire : l'unité d'une auto-temporalisation qui est aussi d'ordre charnel et affectuel, l'unité concrète d'un devenir.

La personne comme unité des propriétés permanentes du sujet

Enfin, Husserl a mobilisé le concept de *personne* pour penser le moi dans ses propriétés permanentes, c'est-à-dire le moi qui est le

---

1. *MC*, § 34, p. 116.

2. *MC*, § 32, p. 113 : «Mais il faut remarquer que le je qui fonctionne comme centre n'est pas un pôle d'identité vide [...] ».

3. *MC*, § 34, p. 117.

4. Sur l'ensemble de ce dernier aspect, cf. L. Landgrebe, *Faktizität und Individuation. Studien zu den Grundfragen der Phänomenologie*, Hamburg, F. Meiner, 1982.

produit de l'histoire « factice » de la monade. Ainsi l'« histoire » des changements vécus par la monade n'est-elle pas sans effet durable sur le sujet lui-même. La « personne » est ainsi l'ensemble des « propriétés » du sujet, l'ensemble des acquis de sa propre histoire. Au paragraphe 32 des *Méditations Cartésiennes*, le moi personnel est défini comme « substrat des *habitus* » ou encore comme « substrat identique des propriétés permanentes du Je » :

> En se constituant par une genèse active propre comme le substrat identique des propriétés permanentes du Je, le Je se constitue aussi ultérieurement comme moi personnel *qui se tient et se maintient* [...]. Même si, en général, les convictions ne sont que relativement durables, elles ont leurs modes de changement [...], le Je confirme, malgré de tels changements, qu'il a un style permanent où règne une unique identité, qu'il possède un *caractère personnel* [1].

Le concept de « personne » pense l'individualité du sujet passivement *et* activement. En ce sens, la personne désigne l'identité permanente d'un sujet qui, loin de se perdre à chaque instant de sa constitution, est lui-même constitué par cette auto-constitution. Dans l'activité constitutive, l'*ego* ne se dérobe pas à lui-même, mais *s'objective lui-même*. La personne est alors conçue comme le produit d'une individuation de soi, comme la sanction d'une acquisition de propriétés égoïques permanentes qui font l'identité du sujet.

La personne se détache du flux de la vie intentionnelle par la persistance de « propriétés permanentes » de l'*ego*. Ce n'est pas tant que la personne dure, persiste dans le temps par delà les changements, c'est surtout qu'elle perdure comme un système de dispositions, de tendances et de prédéterminations des prises de positions. Au niveau de la personne, l'histoire du sujet se pose en héritage, dessinant un « caractère » personnel. Le concept de *personne* suppose celui de monade, mais il lui ajoute l'idée d'une histoire individuelle qui revêt une dimension pratique, sociale et éthique. La personne est l'unité d'un ensemble d'actions sédimentées, de prises de position effectuées

---

1. *MC*, § 32, p. 114-115. *Cf.* également *SI-2*, p. 464 : « Moi en tant que personne je ne suis pas une partie constitutive momentanée, "*ego*" de l'acte, mais je suis *le* moi qui a accompli tous ses actes antérieurs et, dans ses actes, manifeste dans cette mesure sa manière d'être motivé ».

dans l'unité d'une forme de vie pratique, dans une cohérence maintenue à l'égard de soi et des autres.

Ainsi, ce qui fait la personne, c'est toujours en définitive la dimension pratique de l'activité de la subjectivité. Comme le souligne Husserl dans les *Méditations Cartésiennes*, la personne est toujours le produit d'une « genèse active propre ». Husserl comprend ainsi spécifiquement sous le concept de personne tout ce qui ressortit à la détermination volontaire de l'activité pratique du sujet, qu'il s'agisse de la motivation, de la prise de position et de la prise de décision, du choix des buts et des projets, et enfin, de l'aspiration à la liberté[1]. Plus précisément, la personne existe par les décisions qu'elle prend et par les conséquences assumées de ces décisions. La personne est ainsi l'ensemble des propriétés qui composent un « caractère », un « style » personnels, mais où s'atteste aussi une liberté qui impose au sujet la charge d'une responsabilité individuelle et sociale. La personne est le nom donné à l'individuation pratique de la vie subjective.

En thématisant l'individuation du sujet sous les différents titres de l'*ego*, de la monade et de la personne, la phénoménologie husserlienne nous donne ainsi les moyens de nous affranchir définitivement de la conception atomistique, naturaliste de l'individu, qui tient pour acquis et chose faite ce qui n'est jamais que le produit d'une individuation non remarquée pour elle-même. Elle ouvre également la voie à une compréhension subjectiviste, voire existentielle, de l'individu compris au sens psycho-sociologique du terme. Il apparaît ce faisant que la philosophie phénoménologique du sujet s'affirme contre le fait de l'individu, tout en demeurant comme hantée par son concept.

Laurent PERREAU
Université de Picardie Jules Verne

---

1. *SI-2*, p. 467.

AUTO-AFFECTION ET INDIVIDUATION
SELON MICHEL HENRY

Nous n'avons rien que ce qui est là, intérieur,
Nous avons tout ce qui est là, intérieur.
Comment saisir ce qui est là, intérieur,
Puisque le vol aussi est là, intérieur.
Rainer Maria Rilke, *Pour Oskar Kokoschka*

LA PHÉNOMÉNOLOGIE DE LA VIE
ET LE PROBLÈME DE L'INDIVIDU

Le projet philosophique de Michel Henry consiste dans l'élaboration d'une «phénoménologie matérielle»[1] (ou «phénoménologie non intentionnelle»[2]) ayant pour objet le fondement absolu de l'apparaître : *l'auto-affection de la vie*. L'auto-affection désigne le plan d'immanence où la vie fait l'épreuve d'elle-même, en deçà de toute transcendance intramondaine, de toute visée intentionnelle, de toute « visibilité » (ce qui ne veut pas dire : de toute phénoménalité[3]). L'en deçà – ou plutôt l'Autre – du visible, c'est le *corps subjectif*, la « chair », c'est-à-dire le corps appréhendé du point de vue de la stricte affectivité, indépendamment de toute représentation objectivante,

1. *Phénoménologie matérielle*, Paris, PUF, 1990 [= *PM*].
2. Voir l'article «Phénoménologie non intentionnelle : une tâche de la phénoménologie à venir », dans *Phénoménologie de la vie*, Paris, PUF, 2003-2004 [= *PV* suivi du numéro de tomaison], t. I.
3. *Cf.* «Eux en moi : une phénoménologie», *PV I*, p. 200 : « Invisible ne désigne donc pas une dimension d'irréalité ou d'illusion, quelque arrière-monde fantasmatique mais précisément son contraire, la réalité ».

dans un pur sentiment de soi (préfiguré dans l'analyse biranienne de l'effort[1]) qui demeure en amont de tout vécu intentionnel déterminé : « ce corps qui est le nôtre diffère totalement des autres corps qui peuplent l'univers, ce n'est plus un corps visible mais une chair – *une chair invisible* »[2].

Ce plan pré-intentionnel d'affection immanente du corps subjectif par lui-même désigne selon Henry le lieu purement pathétique où peut être envisagé quelque chose comme un *individu* : c'est « un *Hic* absolu, le *Hic* où je me tiens, où je suis – plus exactement : que je suis » (*PM*, 164). En ce sens, l'individu n'est pas un phénomène, mais l'instance originaire en (ou comme) laquelle advient l'*apparaître* comme tel. Encore faut-il préciser qu'un tel apparaître ne saurait consister dans le dévoilement anonyme du monde, dans la mesure où il est originairement affecté d'un fort coefficient de *personnalité*. L'épreuve de l'individuation, c'est ce qui fait que ce corps est *mon* corps, cette sensation *ma* sensation, cette pensée *ma* pensée, cette vie *ma vie* : ici se trouve mis en exergue ce « droit particulier » aussi simple qu'énigmatique en vertu duquel Descartes, déjà, s'autorisait non « sans quelque raison » à appeler son corps « mien »[3].

Reprenant l'interrogation cartésienne à nouveaux frais, Michel Henry met en question l'évidence philosophique du sens d'un tel « droit » : « Pourquoi dites-vous "moi" en parlant de vous-même, et qu'avez-vous à l'esprit en disant cela et pensant à vous ? Si triviale que soit cette question, il n'est pour ainsi dire personne qui soit capable d'y répondre »[4]. Selon lui, le fondement de la « mienneté » réside dans la constitution pathétique d'une *ipséité*, d'un « être-soi-même » absolument originel qui m'est donné (ou plutôt : qui se donne comme

1. *Philosophie et phénoménologie du corps*, Paris, PUF, 1965 [= *PPC*], chap. II.

2. « Phénoménologie de la vie », *PVI*, p. 74.

3. *Cf.* Descartes, *Méditations métaphysiques*, Méditation Sixième, AT VII, 76, Paris, GF-Flammarion, 1979, p. 171 : « Ce n'était pas aussi sans quelque raison que je croyais que ce corps (lequel par un certain droit particulier j'appelais mien) m'appartenait plus proprement et plus étroitement que pas un autre. Car en effet je n'en pouvais jamais être séparé comme des autres corps ; je ressentais en lui et pour lui tous mes appétits et toutes mes affections ; et enfin j'étais touché des sentiments de plaisir et de douleur en ses parties, et non pas en celles des autres corps qui en sont séparés ».

4. *C'est moi la vérité*, Paris, Seuil, 1996 [= *CMV*], p. 168.

« mien ») sur le mode d'une auto-affection immédiate de la vie produisant de manière immanente quelque chose comme une *intériorité* corporelle[1]. Il faut donc affirmer que « l'essence de la subjectivité est l'affectivité »[2] : l'affect ne survient pas seulement *a posteriori* comme un accident empirique à un sujet pré-constitué mais doit être investi, en son autoréférentialité première (en tant qu'il est d'abord *auto-affection*), d'une fonction *transcendantale* au sein du processus de subjectivation[3]. L'individuation, entendue comme advenir d'un *ego* personnel concret et vivant, a partie liée avec l'épreuve affective de soi-même et, seulement dans un *second* temps, du monde[4] : « Je suis l'*unique*, non pas parce que j'ai décidé de l'être, parce que, dans mon esthétisme, je ne goûte qu'à l'exceptionnel des sensations rares et, comme Keats, au parfum des violettes fanées, mais *tout simplement parce que je sens.* "On" ne sent pas. Sentir, c'est faire l'épreuve, dans l'individualité de sa vie unique, de la vie universelle de l'univers, c'est être déjà "le plus irremplaçable des êtres" »[5].

L'individualité ne constitue donc pas un thème comme les autres dans l'économie de la pensée henryenne. Elle n'est pas un élément quelconque de « l'ameublement du monde » qu'une phénoménologie descriptive devrait prendre en charge pour en analyser la constitution, elle n'est pas subsumable sous une quelconque « ontologie

1. D'où la récusation de la compréhension heideggérienne de la *Jemeinigkeit*, jugée trop mondaine et extatique : « Chez Heidegger, dans *Sein und Zeit*, le *Dasein* est dit être "toujours mien". Quand elle est prise en considération, toutefois, l'essence de cette "mienneté" [...] est réduite au procès d'auto-extériorisation dans lequel le *Dasein* se découvre livré au monde pour y mourir » (« Eux en moi : une phénoménologie », *PV I*, p. 202).

2. *L'Essence de la manifestation*, Paris, PUF, 1990[2] [= *EM*], p. 595.

3. Il est donc patent qu'il y a pour Henry une *expérience* du transcendantal, expérience *a priori* et pré-mondaine de l'auto-affection qui conditionne l'expérience proprement « empirique » (*a posteriori*) du monde. Sur la question de savoir si l'on peut présenter la démarche henryenne comme un empirisme transcendantal, cf. S. Laoureux, *L'immanence à la limite*, Paris, Le Cerf, 2005, p. 91-99.

4. Voir l'importante mise au point dans « Quatre principes de la phénoménologie », *PV I*, notamment p. 92 : « Jamais [...] l'affection par le monde ni par conséquent par un étant ne se produirait si cette affection extatique ne s'auto-affectait dans la Vie, laquelle n'est autre que cette auto-affection primitive ».

5. *PPC*, p. 148 (souligné par moi).

régionale », pas plus qu'elle ne se réduit à une pure injonction éthique ou à un mot d'ordre politique – même si elle peut être *aussi* cela, de surcroît. Si la phénoménologie de la vie place l'individu au cœur de ses préoccupations, c'est qu'elle trouve en lui non un simple objet de description, mais la *pierre de touche* de sa quête fondationnelle[1]. En définissant le fondement de l'apparaître comme auto-affection de la vie dans une chair s'éprouvant de manière subjective, Michel Henry ne se contente pas de bouleverser le contenu doctrinal de la phénoménologie : il rend possible l'explicitation d'un sens inédit du concept d'individu, désormais synonyme de subjectivité vivante, incarnée, effective, « d'une subjectivité qui n'est ni universelle, ni impersonnelle, ni générale, [dont la] structure est telle qu'elle est nécessairement individuelle »[2]. L'individu est le nom donné par Henry à la subjectivité transcendantale rendue à la concrétude première de sa vie affective pure.

LE DÉVOILEMENT TRANSCENDANTAL DE L'ESSENCE DE L'APPARAÎTRE : LA VIE

Du point de vue méthodologique, la démarche henryenne a ceci de remarquable qu'elle porte non pas sur les phénomènes, mais sur l'*apparaître* appréhendé en tant que tel, dans sa radicale substantialité. Par cette démarcation d'avec l'acception husserlienne de la phénoménologie, Henry semble s'orienter vers ce qu'on a appelé avec raison une « phéno-logie »[3], science de l'apparaître pur détaché de *ce*

---

1. Ce qui ne veut pas dire que l'individu soit lui-même fondement de son ipséité, ainsi qu'y insisteront les derniers travaux de M. Henry, notamment *C'est moi la vérité*. Dans cet ouvrage, Henry distingue entre un « concept fort » et un « concept faible » d'auto-affection (*op. cit.*, p. 135-136). La vie s'auto-affecte en un sens fort car elle « définit » et « produit » le contenu de son affection ; l'individu vivant s'auto-affecte en un sens faible dans la mesure où il ne fait que recevoir le contenu (à savoir « soi-même ») de son affection. Il s'affecte certes lui-même, mais ne fait que « se trouver » auto-affecté.

2. *Auto-donation*, Paris, Beauchesne, 2004 [= *A*], p. 77. Cette précision vaut évidemment condamnation de l'entente kantienne puis husserlienne du sujet comme subjectivité transcendantale *a priori*, désubstantialisée, anonyme.

3. Voir B. Bégout, *Le Phénomène et son ombre*, Chatou, La Transparence, 2008, p. 179.

qui apparaît («*phénoméno*-logie»), considéré dans son antériorité de principe vis-à-vis des phénomènes donnés par l'entremise de l'intentionnalité de la conscience. De manière réitérée, Henry caractérise son projet sous une forme kantienne : il s'agit d'édifier une philosophie transcendantale de l'apparaître, une «critique de la phénoménalité pure»[1]. À quelles conditions *a priori* peut-il y avoir, non pas des phénomènes, mais de l'apparaître en tant que tel? Cette question critique se trouve traduite dans les termes d'une phénoménologie matérielle : en quoi consiste le mode non phénoménal (non mondain, non intentionnel, «invisible») de constitution de toute phénoménalité? Ou encore : quelle est la *matière* de l'apparaître?

Le déploiement spéculatif de cette question suppose de prendre ses distances vis-à-vis de l'entente classique de la démarche phénoménologique, telle que formulée par Husserl dans les *Ideen* : selon ce dernier, la phénoménologie consisterait avant tout dans «la doctrine eidétique de la conscience transcendantalement purifiée»[2]. À en croire Henry, Husserl aurait manqué le tournant transcendantal de la phénoménologie en faisant de l'*intentionnalité de la conscience* la pierre de touche de son enquête sur l'*eidos* de l'apparaître. Ce faisant, le fondateur de la phénoménologie aurait commis l'erreur de restreindre l'apparaître aux phénomènes appréhendés intentionnellement par une conscience, en vertu d'un privilège indûment accordé à la sphère de l'*extériorité*. L'essence de la manifestation est antérieure à toute intentionnalité, à toute transcendance : elle réside dans cette pure «matière» qu'est l'auto-affection du corps vivant, laquelle constitue «un monde où il n'y a pas encore de monde»[3], un monde proprement *acosmique*. L'élaboration husserlienne de la phénoménologie comme doctrine transcendantale de la conscience intentionnelle constituerait un *faux départ* phénoménologique, elle manquerait le véritable préalable de toute phénoménologie en l'instaurant hâtivement comme théorie de l'intentionnalité, donc comme description

---

1. Selon l'expression heureuse de P. Audi, *Michel Henry. Une trajectoire philosophique*, Paris, Belles Lettres, 2006, p. 74.

2. Husserl, *Idées directrices pour une phénoménologie et une philosophie phénoménologique pures*, trad. fr. P. Ricœur, Paris, Gallimard, 1950, § 60, p. 196.

3. *Entretiens*, Cabris, Sulliver, 2007[2] [= *E*], p. 114.

méthodique d'une visibilité fatalement seconde en regard de la primauté phénoménologique de la vie : « L'intentionnalité ne se lève qu'à la tombée de la nuit [...] elle vient toujours trop tard » (*PM*, 165).

Corrélativement, Husserl s'en tiendrait selon Michel Henry à une appréhension *générique* de la vie de la conscience en réduisant les modalités singulières de son déploiement *factuel* à des *essences* stables et universelles[1]. Cette substitution des essences aux faits permettrait de conjurer, au nom de l'idéal de scientificité constamment revendiqué par l'auteur des *Ideen*, la menace du « flux héraclitéen » de la vie psychique individuelle : « Toute cette recherche sur l'essence est bien une recherche générique. Le phénomène cognitif singulier, apparaissant et disparaissant dans le flux de la conscience, n'est pas l'objet des affirmations phénoménologiques »[2]. Contrevenant à l'impératif officiel d'un « retour aux choses mêmes », la phénoménologie husserlienne se verrait ainsi contrainte d'assumer un « délaissement du singulier pour le général » (*PM*, 94). Ce faisant, elle adopterait la posture restrictive d'une science eidétique cantonnée aux « structures typiques » que le phénoménologue doit abstraire de la diversité mouvante des vécus psychiques pour élaborer une doctrine transcendantale axée sur les « invariants » de l'expérience.

Par conséquent, la tentative d'appréhender le sens de l'apparaître à partir d'une approche typologique de la vie de la conscience ne saurait être, pour le dire avec Spinoza (auquel Henry a consacré son premier travail philosophique), qu'une connaissance du *second genre*, c'est-à-dire une connaissance générale et dérivée[3]. Le passage au troisième genre de connaissance – connaissance non plus des « notions communes » mais des essences singulières ressaisies du point de vue de leur insertion immanente dans la vie absolue – requiert donc d'accom-

---

1. Le passage du fait à l'essence est particulièrement net dans le premier chapitre des *Idées directrices...*, notamment au § 2 (*op. cit.*, p. 16-18). À la « contingence » et à la « facticité » de l'être individuel, Husserl oppose la « nécessité » et la « permanence » des « généralités eidétiques ».

2. Husserl, *L'idée de la phénoménologie*, trad. fr. A. Lowit, Paris, PUF, 1970, p. 80.

3. Sur le parallèle entre la théorie spinozienne des genres de connaissances et la critique henryenne de la phénoménologie husserlienne, voir J.-M. Longneaux, « Étude sur le spinozisme de Michel Henry », dans M. Henry, *Le Bonheur de Spinoza*, Paris, PUF, 2004, p. 181-218.

plir une *nouvelle réduction phénoménologique*. Il faudra réduire l'intentionnalité elle-même – conformément à une exigence de surenchère autoréflexive (on soumet l'instance critique elle-même au tribunal de la critique) typiquement postkantienne[1] – afin d'accéder aux conditions de l'apparaître pur. Ainsi s'obtient l'accès à la matérialité originaire de la phénoménalité, qui a pour nom la vie. La matière, ici, n'est autre que la *hylè* husserlienne énergiquement découplée de la *morphè* inhérente à toute visée intentionnelle. Elle est « l'élément sensuel qui n'est en soi rien d'intentionnel »[2], couche d'expérience purement immanente du corps vivant par lui-même, qui n'est pas un simple matériau de base pour l'édification des synthèses intentionnelles (représentations), mais constitue une sphère absolument *irréductible* à toute visibilité, rebelle au primat métaphysique (« grec ») de l'hylémorphisme, radicalement *hétérogène* aux contenus mentaux informés par les visées de la conscience[3].

Telle est la singularité philosophique du geste phénoménologique de Michel Henry : radicaliser la *dualité* de l'expérience phénoménale, dualité d'une matière pré-intentionnelle et d'une forme intentionnelle par laquelle s'obtient le sens de la phénoménalité, en un *dualisme* ontologique (et hiérarchisé) de l'invisible et du visible, d'une pure matière qui constitue « l'étoffe » de l'apparaître et d'une forme ontologiquement secondaire qui transforme cet apparaître en phénomènes, déchirant l'immanence première de la vie pour déployer la transcendance « inerte » du monde. Ce dualisme, opposé au « monisme ontologique »[4] de la tradition philosophique, s'exprime sous la forme

1. Une telle surenchère sur le transcendantalisme husserlien autorise R. Bernet à qualifier la démarche henryenne d'« hyper-transcendantalisme »; cf. « Christianisme et phénoménologie », dans A. David et J. Greisch (éds.), *Michel Henry. L'épreuve de la vie*, Paris, Le Cerf, 2001, p. 198.

2. Husserl, *Idées directrices...*, *op. cit.*, § 85, p. 289.

3. Sur ce point, cf. *PM*, chap. I : les principes de la phénoménologie matérielle y sont dégagés à partir d'une analyse critique des *Leçons pour une phénoménologie de la conscience intime du temps*, ouvrage qui constitue la première grande tentative husserlienne pour comprendre la « constitution originaire » du principe de toute constitution : l'*ego*.

4. Le monisme ontologique (ou « monisme phénoménologique ») se fonde sur la réduction de l'apparaître à la conscience représentative et objectivante : « La conscience

d'une «duplicité de l'apparaître» fondée sur la distinction du «visible» (extériorité mondaine) et de l'«invisible» (intériorité auto-affectante de la vie). La phénoménologie de la vie s'instaure ainsi en *philosophie première*, prenant pour objet le *fondement* de toute phéno-ménalité : «La vie est phénoménologique en un sens original et fonda-teur. Elle n'est pas phénoménologique en ce sens qu'elle se montrerait elle aussi, phénomène parmi les autres. Elle est phénoménologique en ce sens qu'elle est créatrice de la phénoménalité»[1].

DE LA VIE AU VIVANT : UNE PHÉNOMÉNOLOGIE MONADOLOGIQUE

Le résultat de la réduction transcendantale de l'intentionnalité, c'est l'accès à cette sphère d'immanence pure que constitue la subjec-tivité monadique. Avant de se donner (et se perdre?) comme singu-larité spatio-temporelle lestée d'une objectivité empirique, l'individu constitue une sphère originaire de phénoménalité, un pli singulier de l'affectivité pure. Aussi peut-on le caractériser sans paradoxe comme une «subjectivité acosmique» ou une «ipséité pathétique et acos-mique» (*PM*, 8) puisqu'il consiste uniquement, en amont de toute expérience d'un quelconque Dehors mondain, dans cette épreuve phénoménale de la vie par elle-même selon les modalités à chaque fois singulières du souffrir et du jouir, lesquelles constituent les deux «tonalités fondamentales» de la vie affective (*E*, 65).

Être un individu, c'est donc avant tout faire l'épreuve singulière de la vie en et comme soi-même : le principe d'individuation est ici un pur *pathos*, un pur «se souffrir soi-même» antérieur à toute idiosyncrasie empirique. La «subjectivité acosmique» de l'individu constitue l'*essence* de toute phénoménalité, là où sa subjectivité «cosmique» (psychologique, physique, sociale...) n'en constitue qu'un *accident*, simple écume inessentielle de l'épreuve pathétique que la vie fait d'elle-même comme d'*un vivant*. Cette distinction déci-

désigne l'essence de la manifestation interprétée selon les présuppositions ontologiques fondamentales du monisme», *EM*, p. 95.

1. «Phénoménologie non intentionnelle : une tâche de la phénoménologie à venir», *PV I*, p. 116.

sive vise à prémunir la pensée de l'individu de la « confusion ruineuse qui domine l'histoire de la pensée occidentale, celle de l'ipséité du Soi et de l'individualité d'une chose ». En effet, ce ne sont pas les « catégories lisibles sur toute carte d'identité : né le…, à tel endroit –, fils de tel homme et de telle femme… » qui ménagent une voie d'accès à l'individualité réelle, mais bien les modalités immanentes de l'affectivité transcendantale par lesquelles s'effectue l'expérience d'un soi en amont du monde et de ses catégories phénoménologiques fondamentales (l'espace, le temps, le concept) [1].

Contrairement à ce qui a pu se passer chez Kant ou chez Husserl, la subjectivité authentique ne consiste pas non plus dans un cadre transcendantal désincarné présidant au déploiement phénoménal de l'expérience, elle est au contraire l'épreuve éminemment *personnelle* de cette phénoménalité primitive par laquelle la vie advient à elle-même. À l'instar de Kierkegaard, pour qui l'individu désignait le lieu insubstituable d'une « impression pathétique du christianisme »[2], Henry conçoit la subjectivité individuelle comme cette instance pré-intentionnelle qui émerge d'une affectivité pure en se faisant impression à et comme soi-même. « *Je suis l'Unique* […] *tout simplement parce que je sens* » : l'affection est immédiatement individuante dès lors qu'elle s'effectue dans l'immanence d'une vie inentamée, en laquelle aucune distance entre le pur ressentir et un corrélat objectif distinct du ressentant ne s'est encore creusée.

La théorie henryenne de l'individu se fonde au premier chef sur un découplage très net de l'individualité et de la *représentation* : ce n'est point par sa pensée ni par sa volonté que se définit l'individu, mais par sa *réalité éprouvée de l'intérieur.* Que la phénoménologie de l'individu doive épouser les contours d'un *nominalisme ontologique,* c'est ce qu'atteste sans ambiguïté la reprise par Henry des objections formulées par Marx à l'endroit de Feuerbach et Stirner dans l'*Idéologie allemande.* La critique de la théorie feuerbachienne de l'être générique (*Gattungswesen*) a en effet pour principe que « le général

---

1. « Eux en moi : une phénoménologie », *PV I*, p. 202.

2. Kierkegaard, *Point de vue explicatif de mon œuvre*, trad. fr. P.-H. Tisseau, Paris, Perrin, 1963, p. 104.

n'existe pas »[1], ce pourquoi « l'être générique » ou « l'Homme »[2] n'ont pas plus de réalité que n'en avait « l'esprit » hégélien. Conclusion : si l'on ne s'en laisse pas conter par le réalisme postkantien des universaux, il n'est plus possible d'adhérer à la « mystification hégélienne qui réduit l'individu à l'individualité et celle-ci à un moment du procès de réalisation de soi de l'universel », ce qui implique que « la solidarité de l'individu et du genre n'est plus possible » (*M II*, 19-21). À l'humanisme abstrait promu par Feuerbach, simple anthropologisation de l'esprit universel de Hegel mâtinée d'eudémonisme pratique, il convient d'opposer une stricte *ontologie des singularités* fondée explicitement sur « la structure monadique de l'être » : « entre le genre et l'individu, ce n'est pas d'un choix éthique qu'il s'agit, c'est l'ontologie qui prononce la sentence si la réalité réside dans l'individu et seulement en lui » (*M II*, 18-21).

De cette critique de l'ontologie implicite à l'humanisme feuerbachien ressort une première caractéristique de la conception henryenne de l'individu : le refus intransigeant du réalisme des universaux et son corrélat immédiat, la promotion ontologique des monades comme uniques constituants de la réalité. Cette interprétation originale de la pensée de Marx comme nominalisme ontologique implique de prendre la vulgate marxiste à rebrousse-poil et de dénier toute réalité aux hypostases classiques de la pensée socialiste. Celles-ci consistent en des abstractions théoriques indûment détachées de leur base individuelle : non seulement « il n'y a pas d'histoire, il n'y a que des individus historiques », mais c'est « la détermination des individus, de leur action et de leur pensée qui fait, qui *est* la détermination de la classe »[3]. Généralisons : d'un point de vue nominaliste, « l'idée d'une détermination de l'individu par le "social" apparaît immédiatement absurde. Elle présuppose l'abstraction du social, son hypostase hors de l'individu comme une réalité différente de lui, et l'établissement alors d'une relation de causalité externe entre cette prétendue réalité sociale et l'individu lui-même » (*SM*, 15).

1. *Marx* [= *M* suivi du numéro de tomaison], t. II, Paris, Gallimard, 1976, p. 14.

2. *M II*, p. 21 : « L'Internationale sauvera le genre humain. Mais, pour Marx, le genre humain n'existe pas ».

3. *Le socialisme selon Marx*, Cabris, Sulliver, 2008 [= *SM*], p. 13-14.

Le marxisme – dont Henry souligne avec éloquence qu'il est « l'ensemble des contresens qui ont été faits sur Marx » (*M I*, 9) – finit par marcher sur la tête dès lors qu'il prétend déduire l'individu de ce qui se déduit pourtant de lui. L'ontologie marxienne – telle qu'interprétée à l'aune de la phénoménologie de la vie – permet de passer l'universalisme humaniste ou socialiste au « rasoir d'Ockham » afin d'en éliminer les entités superflues : du fouillis métaphysique de l'ample barbe hégélienne ne subsiste alors que « la détermination la plus radicale et la plus particulière, l'individu » (*SM*, 19). Faut-il dès lors penser que la phénoménologie matérielle consiste ni plus ni moins dans un individualisme théorique et pratique ? Si la vérité du réel n'est pas l'universel, faudra-t-il la chercher dans « l'Unique » vigoureusement opposé par Stirner à l'universalisme abstrait des Jeunes Hégéliens ?

La critique de l'individualisme stirnérien va permettre de préciser la position de Michel Henry, en contournant l'écueil de ce que l'on pourrait appeler l'*individualisme représentatif*. De prime abord, la stratégie henryenne semble déroutante : la critique marxienne de Stirner ne constitue-t-elle pas une « critique radicale de toute pensée qui voudrait faire fond sur l'individu et se construire à partir de lui, une critique de l'individualisme sous toutes ses formes ? » (*M II*, 22). À ce titre, n'emporte-t-elle pas dans son mouvement réfutatoire l'ontologie monadologique défendue par Henry lui-même dans sa lecture de Marx ? Tel serait le cas si cette critique visait (et atteignait) dans l'individualisme stirnérien l'individu *réel*, c'est-à-dire l'individu faisant l'épreuve singulière de la vie de manière totalement immanente, anté-représentative. Or « ce que reproche Marx à Stirner, c'est bien autre chose et c'est même le contraire : c'est d'avoir défini l'individu par la conscience, par le libre jeu des significations, et la prétendue détermination par celles-ci de la réalité »[1].

L'individu selon Stirner n'est en fait que l'ultime dépôt des grandes hypostases idéalistes forgées par Hegel : il n'est qu'un « individu théorique constitué par la compréhension qu'il a de soi et des choses, et tributaire d'elle » (*M II*, 23). Conséquemment, un tel

---

1. « Préalables philosophiques à une lecture de Marx », *PV III*, p. 48.

individu n'est pas fondement, mais fondé : il n'est pas le support réel de la pensée et de ses hypostases mais « se réduit au produit d'une construction dialectique » (*M II*, 25), à une simple *idéalité*. L'Unique stirnérien, qui se voulait « Rien créateur » opposé à la « vacuité »[1] des abstractions hégéliennes, n'est qu'un fantôme d'individualité, un fantasme monadologique arrimé à la fiction d'une activité autothétique purement idéelle. Ce Je prétendument omnipotent ne connaît pas cette « passivité radicale à l'égard de lui-même » en laquelle consiste l'épreuve pathétique de soi et qui seule pourrait en faire un « individu qui ne s'est pas posé soi-même » (*M II*, 27), un individu *se recevant* lui-même sur le mode de l'être-affecté, donc un individu *vivant*, concret, réel. À l'autarcie idéelle de l'individu stirnérien, Henry oppose la définition kierkegaardienne du soi : « le soi, c'est le rapport à soi posé par un autre »[2].

L'insistance sur cette passivité primordiale par laquelle l'individu se reçoit lui-même antérieurement à toute représentation idéelle a pour corrélat, chez Marx comme chez Henry, « le refus d'une définition de l'individu par la volonté » (*M II*, 28). Si « la volonté est la représentation d'un but, l'élévation au-dessus de la singularité de la sensation immédiate et comme telle, comme ouverture du milieu de la représentation, de la conscience et de la pensée, une faculté de l'universel » (*M II*, 29), elle relève de l'*irréalité* et doit s'avérer à ce titre impuissante face au *conatus* vital qui affecte de manière immanente l'être de tout individu. Individu et volonté sont des catégories ontologiquement hétérogènes, ils « s'opposent : comme la réalité et l'irréalité » (*M II*, 30). Le « Je veux » ne saurait définir l'individu autrement que comme une fiction idéelle. Seul un « *Je peux* » permettrait d'en atteindre la réalité véritable, « l'hyperpuissance

1. *Cf.* M. Stirner, *L'Unique et sa propriété*, trad. fr. P. Gallissaire et A. Sauge, Lausanne, L'Âge d'Homme, 1972, p. 81 : « Mon rien n'est pas vacuité, mais le Rien créateur, le Rien à partir duquel Je crée tout moi-même, en tant que créateur ».

2. « Débat autour de l'œuvre de Michel Henry », *PV IV*, p. 222. Cette hétéro-position de l'individu dans la vie est bien sûr à opposer à l'idéal d'auto-position du Moi cher à l'idéalisme allemand et repris explicitement par Stirner. Mais cela implique un défi redoutable : concilier une telle hétéro-position avec la compréhension de l'individu comme *ipséité*. Sur cette question, cf. F.-D. Sebbah, *L'Épreuve de la limite*, Paris, PUF, 2001, 3e partie, chap. III.

originelle »[1] qui préside à l'expérience fondamentale de mon corps : « "Je" veut dire "Je peux". La proposition "Je peux" n'apporte aucune propriété particulière à l'essence du Je, elle la définit » (*CMV*, 172).

L'INDIVIDU COMME « JE PEUX » : DU MONDE À L'*EGO*

La critique de l'individualisme stirnérien a permis de dégager ce en quoi l'individu ne saurait consister : une monade désincarnée se posant en son autonomie et en sa singularité illusoires par l'entremise de ses représentations. La monadologie prônée par Michel Henry désavoue toute solidarité avec l'idéalisme : c'est en deçà de la représentation, en deçà de l'intentionnalité même que se joue l'individuation. Semblable décision ontologique ne suppose pas seulement la mise à distance des métaphysiques idéalistes de la subjectivité ; plus profondément, elle implique un rejet de principe de ce qui se donnait classiquement pour le *principium individuationis* – la délimitation intramondaine de l'*individuum*, qui veut que « chaque chose [soit] frappée du sceau de l'individualité dans la mesure où elle est située ici ou là dans l'espace […], maintenant, ou plus tôt, ou plus tard dans le temps […], qu'elle est telle ou telle enfin, un arbre, un fauteuil ou un homme – une chose particulière à l'exclusion de toutes les autres »[2]. Si l'individuation s'accomplit en s'émancipant des conditions *a priori* de toute représentation, l'individu devra se définir dans une certaine irréductibilité ontologique aux lois qui régissent la phénoménalité mondaine. C'est donc dès le commencement, en retrait de toute expérience déterminée, qu'il est légitime d'affirmer que « le destin de l'individu n'est pas celui du monde »[3].

En effet, penser l'individu à partir du monde revient d'emblée à le concevoir *négativement* comme une simple *limitation* de celui-ci (s'il est vrai qu'*omnis determinatio est negatio*) : on retrouve là une tentation commune au spinozisme et au romantisme postkantien. Au contraire, avec la position acosmique de l'individu, « toute forme de

1. *Généalogie de la psychanalyse*, Paris, PUF, 1985 [= *GP*], p. 396.
2. *Incarnation. Une philosophie de la chair*, Paris, Seuil, 2000 [= *I*], p. 257.
3. *L'Amour les yeux fermés*, Paris, Gallimard, 1976, p. 288.

panthéisme est frappée de mort » (*I*, 263) dans la stricte mesure où la compréhension de l'individualité vivante à partir de « l'immanence à soi de la Vie » autorise le déploiement d'un concept de *génération* de l'individu « débarrassé des idées d'extériorité, d'extériorisation, d'objectivation – de monde » (*ibid.*). La compréhension panthéiste (ou romantique) du monde implique rien de moins que la « dissolution de l'individualité » : comme l'avait bien vu Jacobi, elle équivaut à un « nihilisme » ontologique[1], à un anéantissement de toute singularité réelle dans l'indétermination de la substance absolue. Or « que signifie l'expérience du Tout si elle doit se passer de l'individu ? Quelle instance est encore là pour en faire l'épreuve ? L'expérience de l'absolu n'est-elle donc celle de personne ? S'il s'agit en fin de compte de s'anéantir dans le Tout, *quelle est la réalité phénoménologique de cet "anéantissement" ?* »[2]. Toute pensée panthéiste (et au-delà, toute pensée *pancosmique*) de l'individu est donc contradictoire, dans la mesure où elle signifie l'élision de l'instance *en et par laquelle* s'accomplit pourtant l'expérience de l'*hen kai pan*, l'expérience du monde comme totalité des étants.

Tel est le défi ontologique henryen : dégager les conditions extramondaines de définition de l'individu, lequel paraît pourtant constituer la catégorie cosmologique par excellence. Comme le souligne à l'envi Michel Henry, « ce qui individualise quelque chose comme l'Individu que nous sommes chacun, dans sa différence avec tout autre […] ne se trouve nulle part dans le monde »[3]. Comment penser l'individu en dehors de toute référence à la phénoménalité du monde ? Précisément en adoptant la perspective génétique de la phénoménologie matérielle : l'individu doit être pensable à partir de la donation d'une matérialité originaire qui précède en droit le domaine « extatique » du

---

1. *Cf.* Jacobi, *Lettre à Fichte de l'automne 1799*, dans *Œuvres philosophiques*, trad. fr. J.-J. Anstett, Paris, Aubier-Montaigne, 1946, p. 328.

2. *I*, p. 257-258. Henry reprend ici des arguments classiques opposés par Fichte (Première introduction à la *Doctrine de la science*) puis par le jeune Schelling (*Lettres sur le dogmatisme et le criticisme*) au dogmatisme panthéiste.

3. *CMV*, p. 156. Et l'auteur de poursuivre : « L'individu empirique n'est pas un Individu et ne peut l'être. Un homme qui n'est pas un Individu et qui n'est pas un Soi, n'est pas un homme. *L'homme du monde n'est qu'une illusion d'optique. L'"homme" n'existe pas* », *ibid.*, p. 157.

monde visible. L'accès à cette sphère primordiale d'individuation va s'effectuer à partir d'une analyse critique de la compréhension classique de l'expérience sensible.

Henry fait sienne la critique biranienne de Condillac : jamais la statue du *Traité des sensations* ne sentirait quoi que ce soit si ne lui était donnée au préalable une « Affectivité transcendantale, ce pouvoir de l'Affectivité de se donner à soi et ainsi de donner à soi tout ce qui ne se donne à soi qu'en elle » (*I*, 204). À en croire Condillac, nous accéderions à l'expérience des différentes parties de notre corps puis, par ce biais, à l'appréhension de l'extériorité du réel, par la sensation de résistance et de solidité de notre propre corps que nous procure le toucher de la main qui le parcourt. La main serait donc l'instrument par lequel nous prendrions possession de notre corps objectif, celui-ci devenant à son tour l'instrument de notre ouverture à la transcendance du réel. Or il appert qu'une telle théorie génétique de l'expérience corporelle « n'est qu'un vaste cercle, puisqu'elle présuppose ce qu'elle prétend expliquer » : elle suppose (sans le thématiser) un « savoir primordial » de la main entendue comme l'instrument même qui nous ouvre à l'objectivité, lequel est un « genre de savoir où n'intervient aucune distance phénoménologique, où ne s'opère aucune constitution » (*PPC*, 81). Il est clair qu'un tel savoir ne saurait coïncider avec le savoir extatique du toucher dont nous sommes partis : « *ce n'est pas par le toucher que nous connaissons le toucher* »[1]. L'expérience factuelle du toucher manuel ne se déploie que sur le fond d'une « expérience transcendantale » (*PPC*, 82) ancrée dans l'immanence du corps *subjectif*.

Il nous faut donc remonter méthodiquement la pente du *Traité des sensations* pour rejoindre le point aveugle qui rend possible l'éclosion simultanée d'un corps objectif et d'un monde sensible : le « Je peux », entendu comme « possibilité principielle et *apriorique* qui domine toutes ses "actualisations", qui domine passé, présent et futur et qui ne peut m'être ôtée, celle de déployer tous les pouvoirs de mon corps » (*I*, 205-206). Une telle possibilité réside dans l'expérience première et irréfutable d'une auto-donation du corps dont Descartes a le premier

---

1. « Le problème du toucher », *PV I*, p. 162.

donné la formule : *At certe videre videor*[1]. Le redoublement du *videre*
suggère, en deçà du monde douteux des phénomènes, la possibilité
indubitable d'un « se sentir soi-même – *cogito* sans *cogitatum*, apparaître écrasé contre soi, submergé par soi »[2], non pas le *cogito* encore
trop extatique des *Méditations cartésiennes*[3], encore tributaire du
« *videre* du voir », mais cette « semblance plus originelle du *videor* »
(*GP*, 48) qui s'instaure dans une hétérogénéité ontologique totale vis-
à-vis de la sphère du visible suspendue par l'*épokhè* cartésienne.

     « *Il me semble que je vois* » : ici s'entendrait la primauté
transcendantale (et à ce titre apodictique) de l'épreuve affective du
corps subjectif sur toute expérience mondaine de la visibilité, « pour
autant que le *videre* n'est lui-même possible que comme un *videre
videor* » (*GP*, 52). L'accès phénoménologique à l'individualité véritable suppose ainsi un retour à Descartes par-delà les critiques de la
phénoménologie historique (Husserl, Heidegger), afin de redonner
à l'*ego* son statut fondamental : « Ce phénomène, ou plutôt cette
manière d'être un phénomène qui ne brille point dans la lumière
universelle, cette "manière" qui est un être concret, c'est cela qui sera
désigné sous le titre d'"ego" » (*EM*, 52). La monadologie henryenne
prend ainsi les contours anachroniques d'une *égologie* radicale axée
sur la « semblance originelle » par laquelle l'individu éprouve passivement sa donation absolue à lui-même comme *ego* incarné dans
l'instant même où il s'affronte à la précarité ontologique du monde.
Ainsi l'individu qui accomplit en lui-même la remontée du *videre* au
videor s'initie-t-il à un « se sentir soi-même » irréductible à tout sentir,
sentiment archaïque d'un corps s'éveillant à ses propres potentialités,
dont l'évidence première résonne en lui comme la basse continue de
toutes ses représentations. Le *Je suis* éprouvé comme *Je peux*, « c'est
proprement ce qui en moi s'appelle sentir »[4].

1. Descartes, *Méditations métaphysiques*, Méditation seconde, *AT*, VII, 29, p. 86.

2. « Le *cogito* de Descartes et l'idée d'une phénoménologie radicale », *PV II*, p. 101.

3. Voir Husserl, *Méditations cartésiennes*, trad. fr. M. de Launay, Paris, PUF, 1994,
§ 8, p. 64.

4. Descartes, *Méditations métaphysiques*, Méditation seconde, *AT*, VII, 29, p. 87.

Au-delà de la monadologie : la communauté
invisible des individus

L'invocation henryenne de la « structure monadique de l'être » ne doit pas prêter à confusion. En particulier, on ne saurait assimiler les individualités pathétiques aux monades leibniziennes, qui « n'ont point de fenêtres, par lesquelles quelque chose y puisse entrer ou sortir »[1] : la « monadologie » de Michel Henry ne consiste point en une juxtaposition d'idéalités repliées sur elles-mêmes et coordonnées du dehors par une harmonie préétablie, pas plus qu'elle ne consistait en une juxtaposition de réalités spatio-temporelles indépendantes et liées entre elles par un simple rapport de causalité externe. « Ce n'est jamais d'un Soi ou d'un moi autonome qu'il faut partir. Considéré de cette façon, le Soi n'est jamais qu'une monade, chacune enfermée en elle-même, éprouvant ses impressions comme ce qui n'est donné qu'à elle »[2]. L'individu n'est ni un point métaphysique, ni une chose physique : c'est une subjectivité vivante faisant l'épreuve affective d'elle-même. Or s'il n'est plus question de penser l'individu sur le modèle abstrait de la chose ou de la monade, il s'avère plus que jamais nécessaire de reformuler le problème des relations interindividuelles conformément aux prémisses de la phénoménologie matérielle. C'est donc tout le problème de l'*intersubjectivité* qui est à repenser.

Si l'on se place sur le terrain du monde phénoménal, c'est-à-dire de « cet horizon ek-statique de visibilisation à l'intérieur duquel toute chose peut devenir visible »[3], le problème d'autrui paraît insoluble. Comment penser une *communauté* de monades posées au préalable dans leur indépendance respective ? Comment concevoir le corrélat noématique d'une noèse qui ne soit pas perçu comme un objet parmi d'autres, mais comme un authentique *alter ego* ? Faute de remonter à la condition *transcendantale* de l'expérience d'autrui, la philosophie classique (et après elle, la phénoménologie « historique ») n'a fait que repousser le problème sans jamais le résoudre[4]. Jamais autrui ne se

---

1. Leibniz, *Monadologie*, § 7.
2. « Eux en moi : une phénoménologie », *PV I*, p. 204-205.
3. *Ibid.*, p. 198.
4. Sur ce point, voir *PM*, « Sur la "Cinquième Méditation Cartésienne" ».

donnera *comme tel* dans la visibilité du monde. La redéfinition de l'individu comme ipséité vivante auto-affectée requiert donc de proposer un modèle de l'intersubjectivité qui soit délesté des présuppositions extatiques d'une telle philosophie, sans pour autant retomber dans l'abstraction des grandes hypostases du hégélianisme : ce sera le modèle de la *communauté pathétique*.

Penser l'intersubjectivité comme communauté pathétique suppose une prise de distance avec deux stratégies philosophiques en apparence opposées, bien qu'elles partagent au fond une même conception de la phénoménalité : d'un côté, un individualisme empirique faisant de l'individu une entité abstraitement autonome qui ne se rapporterait à autrui qu'à partir de ses propres représentations ; de l'autre, un holisme métaphysique réduisant l'individu à un moment idéel d'une totalité préexistante en laquelle l'intersubjectivité se manifesterait comme l'actualisation d'une fusion anonyme des singularités dans l'universel. À en croire Michel Henry, ces deux approches de l'individu ne seraient que les deux faces d'une même pièce : l'individu appréhendé comme un *phénomène intramondain* serait condamné à une alternative intenable entre une forme extrême d'autisme ontologique impliquant la réduction d'*alter* à de simples modifications d'*ego* et sa propre dissolution au sein de la substantialité indéterminée – qu'elle soit celle de l'Absolu, de l'État ou de la classe sociale – qui s'apparente à la « nuit dans laquelle toutes les vaches sont noires »[1]. Le concept de communauté doit précisément permettre d'évacuer cette alternative ruineuse en donnant à entendre une forme d'« uni-pluralité concrète des individus vivants »[2] irréductible à la dichotomie superficielle de l'atomisme et du holisme : « La tentative d'opposer l'une à l'autre la communauté et l'Individu, d'établir entre eux un rapport hiérarchique est un simple non-sens, elle revient à opposer à l'essence de la vie ce qui est impliqué nécessairement par elle » (*PM*, 163).

Contre la tentation de penser l'intersubjectivité sur le plan de l'horizon intentionnel de visibilité, il faut affirmer, quitte à frôler le

---

1. Hegel, *Phénoménologie de l'esprit*, Préface, trad. fr. B. Bourgeois, Paris, Vrin, 2006, p. 68.

2. P. Audi, *Michel Henry*, *op. cit.*, p. 157.

paradoxe, que « toute communauté est invisible » (*PM*, 166). Ce n'est pas sur le mode de la *reconnaissance des consciences* (Hegel), du *regard* (Husserl, Sartre) ou de l'*être-avec* (Heidegger) que s'obtient « la substance concrète de la vie interpathétique » (*PM*, 141), mais sur celui du « pathos-avec », de la *compassion*. Tel est ce qu'ont en partage les individus vivants : l'épreuve singulière de leur « commune possibilité transcendantale » (*I*, 347) qu'est le « se souffrir soi-même », l'expérience pathétique de leur propre singularité qui fait d'eux ce qu'on pourrait appeler une *communauté d'irréductibles*. Le milieu dans lequel s'élabore un tel *oxymoron* phénoménologique n'est autre que la vie, en laquelle se concentre (et se résout?) l'antique contradiction de l'Un et du multiple : « Pas de vie sans un Soi vivant, en lequel la vie s'éprouve elle-même, mais pas de Soi sinon dans la vie qui l'engendre comme ce en quoi elle devient la vie »[1].

La vie devient ainsi le moyen terme permettant d'instaurer un lien pré-intentionnel entre les individus : par l'épreuve pathétique de la vie en chaque singularité vivante se dévoile une « intériorité phénoméno-logique réciproque » faisant d'autrui un soi co-affecté dans sa chair par une « matière phénoménologique pure »[2]. Le rapport à autrui est ainsi un rapport qui n'en est pas vraiment un, si tant est que tout rapport suppose une *extériorité* des termes rapportés. Ici, tout se joue dans l'*immanence* d'une symbiose en retrait du monde qui court-circuite toute modalité représentative, dont le symbole serait la relation primordiale – cet « être-avec muet » – que l'enfant noue avec sa mère[3]. Par opposition aux médiations aliénantes du monde social[4], la com-munauté pathétique sera donc une communauté de « l'immédiation » : elle ne s'apparentera pas à une association artificielle et délibérée de représentations et de volontés, mais à « un destin de pulsions et d'affects » (*PM*, 178). Il n'est de communauté que *pathétiquement fondée*, ce pourquoi toute communauté « visible » (politique, écono-mique, pédagogique) qui n'assumerait pas un tel ancrage affectif et

1. « Eux en moi : une phénoménologie », *PV I*, p. 202.

2. *Ibid.*, p. 205.

3. « La vie et la république », *PV III*, p. 159.

4. Sur ce thème important dont je ne peux traiter ici, voir *La Barbarie*, Paris, Grasset, 1987 [= *B*].

ses corrélats concrets (notamment la « praxis subjective » en laquelle s'expriment les besoins élémentaires et les pulsions vitales des individus), serait vouée à dégénérer en hypostase illégitime.

Une fois saisi l'*eidos* de la communauté, il devient possible d'envisager la multiplicité concrète de ses manifestations, lesquelles débordent largement le cadre habituel des collectivités rassemblant des êtres humains dans un même lieu et un même temps. La répétition théorique (ou esthétique) de l'évidence d'une connaissance (ou de l'éblouissement d'une œuvre d'art) dans une communauté orientée vers la transmission d'un savoir (ou d'une émotion esthétique) suppose ainsi une « répétition pathétique » par laquelle l'auto-affection suscitée en d'autres temps ou d'autres lieux accède à la « contemporanéité » en étant réactualisée dans le corps subjectif des étudiants ou des spectateurs [1], ce qui permet d'entrer en communauté non seulement avec des hommes, mais avec les forces créatrices et les affects incarnés dans des livres, des tableaux, des monuments, des œuvres musicales... De même, il est loisible d'envisager des communautés avec des êtres vivants autres qu'humains, dans la mesure où une communauté invisible ne se fonde pas sur le partage du *logos* – selon la conception « grecque » de la communauté – mais sur celui du « pathos-avec qui est la forme la plus large de toute communauté concevable » (*PM*, 179). L'horizon ultime de ces communautés affectives d'artistes, de philosophes, de citoyens, d'animaux ou de croyants n'est autre que la vie même, qui demeure la communauté de toutes les communautés. La vie est la condition transcendantale de ces épreuves immédiates de l'identité pathétique des ipséités singulières en lesquelles consistent nos liens aux autres individus vivants, mais aussi aux œuvres dans lesquelles a pu s'immortaliser leur expérience affective de la vérité ou de la beauté : « La communauté est une nappe affective souterraine et chacun y boit la même eau à cette source et à ce puits qu'il est lui-même – mais sans le savoir, sans se distinguer de lui-même, de l'autre ni du Fond » (*PM*, 178).

D'une telle phénoménologie de la communauté ressortirait sinon une morale, du moins les linéaments d'une éthique : ce qui nous rend

---

1. Voir *B*, p. 180-181 et « Art et Phénoménologie de la vie », *PV IV*, p. 294.

unique est aussi ce qui nous unit aux autres (oserions-nous dire avec Deleuze : ce sont les différences qui se ressemblent ?), ce pourquoi l'établissement d'un vivre-ensemble harmonieux suppose de laisser chacun disposer de l'exercice souverain de son propre *pathos* (et de la *praxis* qui en découle), de ménager à tout homme (voire à tout vivant) la possibilité d'endurer le fardeau libérateur de son « être-soi-même », de son ipséité pathétique. D'où la condamnation, inlassablement répétée depuis *Marx* jusqu'à *Du Communisme au capitalisme*[1], des sociétés contemporaines vouant l'individu vivant à l'aliénation étatique, économique et technique : de toutes parts s'impose le constat désenchanté d'une « barbarie » anonyme prenant inexorablement le pas sur les forces fondamentales de la « culture », c'est-à-dire sur ce qui pourrait « permettre à chacun de devenir ce qu'il est » (*B*, 204). Le divorce de la vie et des vivants se consomme dès lors qu'est perdu le *sens irréductiblement oxymorique* (et à ce titre quasiment inaudible) de l'épreuve de soi-même comme individu vivant, au profit de l'absolutisation unilatérale d'un aspect isolé (l'universalité abstraite, l'individualité empirique) de cette épreuve qui semble décidément impossible à catégoriser de manière univoque[2]. Cet oxymore phénoménologique, qui paraît bien être le fil d'Ariane de la pensée henryenne, on le retrouve sous une déclinaison nouvelle à chacune des étapes fondamentales de son élaboration : la phénoménalité supérieure de l'invisible, l'épreuve passive de l'ipséité, l'intériorité pure du corps, la communauté affective des irréductibles, l'écho pathétique d'une peinture abstraite et d'un cri d'animal...

Que faire face à l'insistance déconcertante de ces formulations antonymiques qui semblent ne rien devoir à quelque facilité rhétorique ? S'agira-t-il de renvoyer la démarche de Michel Henry à la fatalité de ses contradictions internes en redéployant méthodiquement les tensions spéculatives de la vie et du vivant, de l'affectivité et de l'immanence, de l'absolu et de la phénoménalité, de la

---

1. *Du communisme au capitalisme : théorie d'une catastrophe*, Paris, Odile Jacob, 1990.

2. Cette difficulté à penser l'univocité ontologique de l'expérience de l'ipséité serait à réinscrire dans une tradition beaucoup plus ancienne, qui remonterait au moins jusqu'aux interrogations thomistes puis cartésiennes sur l'équivocité de la substance.

praxis individuelle et des conditions sociales et symboliques de son effectuation, ou encore de la subjectivité et de l'intentionnalité[1]? Sans doute, si l'élucidation phénoménologique du sens de l'individuation est à ce prix. Mais c'est à la condition de ne pas oublier une chose, qui pourrait bien être l'essentiel : les contradictions soulevées par la pensée henryenne de l'individu ne lui sont aucunement propres, elles outrepassent le cadre philosophique qui a permis de les élever au clair-obscur du concept.

C'est peut-être de ce point de vue qu'une critique interne de la philosophie henryenne pourrait s'avérer la plus fructueuse. Au lieu de vouloir à toutes forces neutraliser les tensions qu'elle met sciemment en scène, sans doute faudrait-il prendre le parti inverse et savoir ne pas accepter à trop bon compte les solutions spéculatives parfois coûteuses qu'elle n'a pu s'empêcher de proposer pour en venir à bout[2]. Il n'est d'ailleurs pas sûr qu'il faille à toute force en venir à bout : l'acquiescement raisonné à une part irréductible d'équivocité pourrait bien être la condition indépassable de toute approche philosophique de l'individu. Car à bien y regarder, ces contradictions exhibées avec éloquence par la phénoménologie matérielle demeurent irrémédiablement attachées à ce qui doit demeurer pour la pensée philosophique – une fois procédé au nécessaire droit d'inventaire parmi les solutions proposées par l'auteur de *L'Essence de la manifestation* – l'énigme des énigmes : le *fait*, aussi incontestable qu'insaisissable, d'*être soi-même*. Dans le sillage de la pensée de Michel Henry, avec et contre

---

1. Voir respectivement : F.-D. Sebbah, *L'Épreuve de la limite, op. cit.*, ; R. Barbaras, « Le sens de l'auto-affection chez Michel Henry et Merleau-Ponty », *Epokhè*, Grenoble, Millon, n° 2 (1991), p. 91-112 ; M. Haar, « Michel Henry entre phénoménologie et métaphysique », *Philosophie*, n° 15 (1987), p. 30-54 ; P. Ricœur, « Le *Marx* de Michel Henry », dans *Lectures 2*, Paris, Seuil, 1999, p. 265-293 ; B. Bégout, *Le Phénomène et son ombre*, *op. cit.*, chap. 6, p. 178-193.

2. Une telle approche me semble notamment plus appropriée que les polémiques sur le « tournant théologique de la phénoménologie » pour évaluer la portée spéculative de la « philosophie du christianisme » (*C'est moi la Vérité, Incarnation, Paroles du Christ*) proposée tardivement par M. Henry pour rendre compte du lien problématique entre la Vie absolue et les individus vivants au moyen du concept de Premier Vivant (*CMV*, chap. IV). L'étude critique de cette reformulation aussi audacieuse que problématique de la question de l'individuation n'a pu être menée, faute de place, dans le présent article.

elle, la pensée contemporaine gagnerait à endurer le sens de cette énigme : « Plus les sciences positives se développent et s'enorgueillissent de leurs progrès fulgurants, plus la philosophie parle haut et fort, […] moins l'homme a l'idée de ce qu'il est. Et cela parce que ce qui fait de lui un homme, à savoir *le fait d'être un moi*, c'est précisément là ce qui est devenu totalement inintelligible aux penseurs et aux savants de notre temps » (*CMV*, 169).

Olivier TINLAND
Université Montpellier III – Paul Valéry

QUELLE PLACE POUR L'INDIVIDU
DANS L'ONTOLOGIE DE W.V.O. QUINE ?

Les débats relatifs à la nature et à la place de l'individu sont au cœur des questions ontologiques : quelles sont les composantes élémentaires de l'être ? Y a-t-il des individus, ou bien l'être forme-t-il un tout indivisible ? Dira-t-on que seuls les individus existent, ou doit-on admettre également l'existence d'universaux ? Ces questions, si traditionnelles qu'elles soient, se posent de façon nouvelle dans la logique et la philosophie analytique du XXᵉ siècle. Ces nouvelles analyses exploitent notamment la méthode consistant à aborder l'ontologie sous le prisme d'une analyse du langage : on traitera par exemple de la question de l'individualité en se demandant ce que c'est que de se référer à un sujet, que de lui attribuer un prédicat. Cette nouvelle approche implique également un déplacement du foyer de questionnement : plutôt que de se demander ce qui est *absolument parlant*, on cherchera désormais à clarifier les présupposés ontologiques de notre discours.

La figure fondatrice de cette nouvelle perspective sur l'ontologie est celle du philosophe américain Willard van Orman Quine. Connu pour être l'un des principaux philosophes du langage et de la logique au XXᵉ siècle, Quine n'en a pas moins placé les questions d'ontologie au cœur de sa doctrine. Cela tient au fait que le philosophe de Harvard a défendu une épistémologie holiste, selon laquelle nos connaissances, théories et croyances forment un tout entrelacé, un « schème conceptuel » dont les éléments ne sont pas isolables. Puisque nos croyances sont généralement exprimées dans un langage, cela suppose en particulier que tout langage implique une ontologie, de même que toute ontologie n'a de sens qu'au sein d'un langage. Ce lien entre ontologie et langage affecte tout particulièrement la question de l'individu. D'après l'anthropologie quinienne, l'homme a ainsi une tendance spontanée à diviser le réel en unités individuelles, en objets. Cette tendance devra par conséquent comporter un équivalent dans le langage, et ce à travers une tendance à articuler celui-ci autour de termes singuliers, de noms[1]. C'est cette tendance que l'on peut examiner et critiquer : jusqu'à quel point pouvons-nous pousser notre tendance à la réification ? Jusqu'aux personnes humaines, aux objets physiques, aux atomes ? Cette multitude d'objets auxquels nous nous référons au moyen de noms peut-elle inclure, outre les individus concrets, des objets abstraits, des classes ?

La pensée de Quine appelle certes un tel questionnement sur l'ontologie de l'individu : mais elle implique également que l'on ne saurait y apporter de réponse dans l'absolu. Puisqu'une ontologie est toujours relative à une théorie d'arrière-plan, la seule question de savoir ce qui existe en soi est dénuée de sens. Le philosophe ne doit pas chercher à spécifier ce qui existe, mais s'efforcer de trouver et d'appliquer un critère d'engagement ontologique permettant d'identifier les entités qui sont présupposées par une théorie donnée. Il serait donc absurde de demander s'il y a des individus ou s'il n'y a que des individus : la question à poser est plutôt celle de savoir dans quelle mesure notre schème conceptuel nous engage à poser l'existence de ces derniers.

Nonobstant ces restrictions, il est permis au philosophe, en matière d'ontologie, de poser une question de droit, c'est-à-dire de demander ce qu'une théorie donnée *doit* reconnaître comme existant si elle veut satisfaire aux exigences d'économie et de simplicité qui s'imposent à elle. Dans ce domaine, l'attitude quinienne repose sur un parti-pris d'austérité : en reprenant à son compte l'exigence du rasoir d'Occam selon laquelle « les êtres ne doivent pas être multipliés outre la nécessité », Quine se donne ainsi pour tâche de « nettoyer les bidonvilles

---

1. *Cf.* W.V.O. Quine, « Parler d'objets », dans *Relativité de l'ontologie et autres essais* [= RO], trad. fr. J. Largeault, Paris, Aubier, 2008, p. 13 : « Nous avons une pente à parler d'objets et à penser à des objets [...]. Nous déconstruisons opiniâtrement la réalité en une multitude d'objets auxquels il sera référé par termes singuliers et généraux ».

ontologiques » [1], d'éliminer les entités superflues. On pourrait alors s'attendre à ce qu'une telle politique l'incite à défendre une ontologie de type nominaliste, et à bannir l'existence des universaux au profit des seules entités individuelles. Pourtant, je voudrais montrer ici que ce n'est justement pas le cas. Si Quine a pu, en effet, être initialement tenté par une telle position, sa philosophie ultérieure se caractérise en revanche par son refus d'un nominalisme trop strict, refus qui se manifeste notamment à travers une certaine tolérance à l'égard des classes mathématiques. En outre, il s'avère que, loin de vouloir centrer son ontologie autour de la notion d'individu, Quine procède au contraire à une déconstruction [2] de cette même notion, en la présentant comme le résultat contingent d'un découpage de la réalité opéré par une culture donnée au gré de ses besoins.

Je présenterai donc la façon dont la réflexion quinienne sur l'ontologie, malgré son adhésion aux exigences occamiennes, n'aboutit ni à un nominalisme radical, ni à une métaphysique de l'individu. Je montrerai comment, bien plus, cette pensée met en place une déconstruction de cette seule notion d'individu en en proposant une généalogie qui souligne la nature contingente de son émergence. Je commencerai par exposer l'attitude de Quine à l'égard de l'existence des classes et son rejet du nominalisme radical, et je montrerai que les mêmes arguments qui l'incitent à ne pas rejeter trop radicalement l'existence des classes l'incitent à ne pas accepter trop simplement l'existence des individus. Je développerai ensuite la façon dont, selon Quine, le seul fait d'employer des noms propres au sein de notre discours ne nous engage pas pour autant à poser l'existence d'individus désignés par ces derniers, de sorte que le critère d'engagement ontologique doit être recherché dans d'autres structures du langage. Je montrerai comment cela conduit à une relativisation de la notion d'individu, en impliquant que cette notion n'a de sens que dans le cadre d'une théorie d'arrière-plan, et en en faisant une notion

---

1. W.V.O. Quine, *Le mot et la chose* [= MC], trad. fr. P. Gochet, Paris, Flammarion, 1977, § 56, p. 378.

2. Je précise que j'emploierai ce terme dans un sens relativement neutre, et non dans l'acception technique qu'il a reçue dans les courants philosophiques récents.

essentiellement construite et acquise. Je retracerai enfin les mécanismes de cette acquisition tels qu'ils sont exposés par Quine.

INDIVIDUS ET UNIVERSAUX : QUINE ET LE NOMINALISME

Les paradoxes des classes et la tentation du nominalisme

Au § 48 de son ouvrage majeur qu'est *Le mot et la chose*, Quine se donne pour objectif de réexaminer la controverse classique entre ontologie du particulier et ontologie des universaux :

> La philosophie et les sciences particulières offrent un champ infini pour des désaccords sur la réponse à la question : « Qu'est-ce qui existe ? ». Une de ces questions qui a, traditionnellement, divisé les philosophes est de savoir s'il existe des objets abstraits. Les *nominalistes* ont soutenu qu'il n'y en a pas ; les *réalistes* (dans une certaine acception du mot) ou les *Platonistes* (comme on les appelle pour éviter les difficultés du mot « réalistes ») ont soutenu qu'il y en a [1].

Parmi les objets abstraits que le « Platoniste » admet en plus des individus concrets, on trouve les attributs, les relations, les classes. Or c'est notamment autour de cette dernière catégorie (les classes) que se sont concentrés, au XXᵉ siècle, les débats relatifs aux universaux. En effet, il s'est avéré que le fait d'admettre leur existence conduisait à l'émergence de graves paradoxes [2]. Le plus célèbre d'entre eux est celui qui fut découvert par Bertrand Russell en 1901 [3], et qui concerne la classe des classes qui ne sont pas membres d'elles-mêmes : si cette classe est membre d'elle-même, elle n'est pas membre d'elle-même ; et si elle n'est pas membre d'elle-même, elle est membre d'elle-même. L'existence d'une telle classe est donc contradictoire ; or il

---

1. MC, § 48, p. 323.

2. *Cf.* MC, § 55, p. 366 : « Là où les classes nous choquent, ce n'est pas précisément en raison de leur caractère abstrait, si douteusement offensif. Les nombres sont aussi abstraits ; mais les classes, si on les accepte de manière non critique, mènent à des absurdités ».

3. Le paradoxe fut découvert par Russell en 1901, exposé dans différentes lettres en 1902, et enfin publié en 1903 dans *The Principles of Mathematics*.

semble que le seul fait de poser l'existence de classes en général suffise à nous conduire à de telles contradictions : de là la tentation de supprimer tout simplement les classes de notre registre ontologique, pour ne reconnaître d'existence qu'aux réalités individuelles.

C'est en vue de résoudre ce genre de paradoxes que Bertrand Russell a élaboré sa théorie des types qui, en imposant une hiérarchisation aux classes, interdit que l'on puisse parler de classes se contenant elles-mêmes. Cependant, avant d'en venir à une telle solution, il avait envisagé de développer une *« no-class theory »*[1], une « théorie pas de classes » : dans ce schéma, les prétendues classes mathématiques seraient de simples « façons de parler », et ce par opposition aux individus qui, seuls, pourraient être compris comme d'authentiques objets. Or le premier Quine a lui-même été tenté par un tel nominalisme afin d'échapper aux paradoxes soulevés par l'existence des classes. C'est ce nominalisme qu'il défend dans un article de 1947 rédigé en collaboration avec Nelson Goodman et intitulé « Steps Toward a Constructive Nominalism » (« Vers un nominalisme constructif »). Cet article s'ouvre en effet sur le *credo* (négatif) suivant :

> Nous ne croyons pas aux entités abstraites. […] Tout système qui donne son aval à des entités abstraites, nous le jugeons insatisfaisant au titre de philosophie ultime[2].

Selon ce texte, le seul fait qu'une ontologie des classes favorise l'émergence de paradoxes est déjà un indice nous faisant « soupçonner que nous sommes perdus dans un monde de faux-semblants »[3]. C'est pourquoi les auteurs cherchent à développer, à la place, une ontologie particulariste qui n'accorderait d'existence qu'aux seules entités individuelles, quelle que soit par ailleurs l'interprétation proposée pour ces entités :

---

1. *Cf.* B. Russell, « Les paradoxes de la logique », *Revue de métaphysique et de morale*, 14 (5), 1906, p. 627-650.
2. N. Goodman et W.V.O. Quine, « Steps Toward a Constructive Nominalism », *Journal of Symbolic Logic*, 12 (1947), § 1. Cet article peut être consulté en ligne à l'adresse suivante : http://ditext.com/quine/stcn.html.
3. *Ibid.*, § 1.

Le renoncement aux objets abstraits peut nous laisser avec un monde composé d'objets ou d'événements physiques, ou encore d'unités de l'expérience sensible, selon certaines décisions qu'il n'est pas nécessaire de prendre ici [1].

Dès lors, le défi sera de maintenir une ontologie nominaliste et particulariste tout en rendant compte de la notion de classe dont, semble-t-il, les mathématiques ont besoin : en d'autres termes, le « problème du nominaliste » sera de « réduire les prédicats d'entités abstraites à des prédicats d'individus concrets » [2].

Par-delà le nominalisme : « Faut-il encore des classes ? »

Une telle restriction de l'ontologie aux seules réalités individuelles ou concrètes ne devait pourtant être qu'une étape dans la pensée de Quine, étape qui se voit dépassée dans ses textes ultérieurs. Comme il le fait remarquer dans son article intitulé « Parler d'objets » [3], on peut assurément maintenir que la nécessité d'échapper aux paradoxes des classes nous incite à « resserrer nos ceintures ontologiques de quelques crans » ; cependant, « [l]a morale à tirer des paradoxes n'est pas forcément le nominalisme » [4]. Quine va même jusqu'à qualifier la position du nominaliste radical de « don-quichottesque » [5] : selon lui, la juste attitude à adopter, face aux problèmes soulevés par l'existence des classes, serait plutôt de réintégrer ces dernières dans notre ontologie tout en prenant certaines précautions afin de désamorcer les paradoxes auxquelles elles peuvent conduire.

La raison principale de ce renoncement quinien au nominalisme radical est qu'une telle focalisation de l'ontologie sur les réalités individuelles s'avère contradictoire. Ainsi, au § 55 de *Mot et la chose* intitulé « Faut-il encore des classes ? », Quine développe les difficultés qui s'attachent au projet de reconstruction des mathématiques sur une base strictement nominaliste. Loin de recentrer notre ontologie sur des

---

1. *Ibid.*
2. *Ibid.*, § 3.
3. *Op. cit.*, p. 29.
4. *Ibid.*
5. W.V.O. Quine, « La logique et la réification des universaux », dans *Du point de vue logique* [= PVL], trad. fr. S. Laugier (dir.), Paris, Vrin, 2003, p. 182.

entités individuelles, une telle élimination des classes imposerait en réalité la réintroduction de cet autre type d'objets abstraits que sont les attributs :

> Telle est la puissance de la notion de classe lorsqu'il s'agit d'unifier notre ontologie abstraite. Renoncer à ce bénéfice, et en revenir aux vieux objets abstraits avec tout le désordre primitif qui les accompagne, serait un sacrifice déchirant [...] [1].

Il y a certes, dans l'ontologie quinienne, des « *entia non grata* » [2], des entités qui ne sont pas les bienvenues : mais cela n'implique pas que l'on doive y compter toute entité non-individuelle ou non-concrète. En admettant que la question de savoir s'il faut ou non intégrer les classes dans notre ontologie soit une « question de commodité du schème conceptuel » [3], c'est alors justement pour faire une économie d'objets abstraits qu'il est justifié de les réintroduire. Plutôt que de rejeter les classes, il faudra donc « se [résoudre] à [les] conserver, mais à couper court d'une manière ou d'une autre aux paradoxes » [4], par exemple en les limitant « aux classes d'objets concrets, aux classes de pareilles classes, et ainsi de suite » [5].

En d'autres termes, si l'application d'un principe d'économie est une constante de l'attitude de Quine en matière d'ontologie, ce principe ne le conduit pas à conférer un privilège absolu aux individus sur les universaux. Je vais poursuivre cette analyse de la critique quinienne de la notion d'individu en examinant la façon dont Quine interprète le statut des noms propres et des termes singuliers.

NOMS PROPRES ET TERMES SINGULIERS : QU'EST-CE QUE SE RÉFÉRER À UN INDIVIDU ?

Position du problème : les noms à référence vide

J'ai, jusqu'à présent, abordé la question de la place de l'individu dans l'ontologie quinienne sur un mode négatif, en me demandant

---

1. MC, § 55, p. 367.
2. *Cf.* MC, § 50.
3. W.V.O. Quine, « Deux dogmes de l'empirisme », dans PVL, p. 81.
4. *Ibid.*
5. *Ibid.*, p. 370.

dans quelle mesure Quine est disposé à admettre l'existence d'autre chose que d'entités individuelles. Je vais, à présent, aborder cette question sur un mode positif, en examinant l'attitude de Quine à l'égard de l'individuel en tant que tel. Un moyen d'affronter cette question peut être d'examiner le statut des termes qui, dans notre langage ordinaire, portent ou prétendent porter sur des entités individuelles : de se pencher sur les noms propres et sur les termes singuliers, en se demandant dans quelle mesure et à quelles conditions ceux-ci réfèrent effectivement à des individus.

Les noms propres (par exemple « Socrate ») et les termes singuliers (par exemple « lapin ») sont ces éléments de notre langage qui sont censés, au moins en droit, pouvoir dénoter quelque chose ou quelqu'un. Dans certains cas, on considère qu'ils renvoient effectivement à une référence existante (« Sean Penn »), dans d'autres non (« Pégase ») : c'est pourquoi l'une des tâches de l'ontologie sera de spécifier lesquels des termes de notre langage ont une portée référentielle réelle, lesquels n'en ont pas[1]. Or il s'avère que les noms à référence vide soulèvent certaines difficultés qui n'ont rien à envier aux paradoxes des classes mentionnés plus haut. De tels termes nous confrontent en effet au problème platonicien classique selon lequel, pour que l'on puisse affirmer d'une chose qu'elle n'existe pas, il faut qu'elle existe en quelque manière pour pouvoir être au moins un objet de discours[2]. Plus précisément, la difficulté soulevée par Quine au sujet des noms à référence vide est une difficulté logique, qui tient à la nécessité, si le principe du tiers-exclu doit être respecté, que toute proposition ait une valeur de vérité. Or une proposition qui affirme

---

1. *Cf.* W.V.O. Quine, *Quiddités, Dictionnaire philosophique par intermittence* [= Q], trad. fr. G. Goy-Blanquet et Th. Marchaisse, Paris, Seuil, 1992, « Référence, réification », p. 204 : « Les termes [singuliers] réfèrent à des objets de diverses natures. Poser, à des fins théoriques, qu'il existe des objets de tels types, c'est les *réifier*. Les zoologues réifient les phascolomes (ou wombats), mais pas les licornes, reconnaissant du même coup que les termes "phaloscome" et "licorne" se distinguent en ceci que seul le premier renvoie à quelque chose ».

2. *Cf.* « De ce qui est », p. 26 : « C'est la vieille énigme platonicienne du non-être. Le non-être doit, en un certain sens, être, car sinon qu'est-ce qu'il y a à qu'il n'y a pas ? Cette doctrine embrouillée pourrait être surnommée *la barbe de Platon* ; historiquement, elle a fait la preuve de sa résistance en émoussant régulièrement le fil du rasoir d'Occam ».

quelque chose au sujet d'un individu inexistant semble n'être, quant à elle, ni vraie ni fausse : comme le fait remarquer Quine, « il semble que des valeurs de vérité ne s'attachent aux énoncés singuliers que pour autant que l'objet désigné existe »[1]. Par conséquent, « il semblerait que, dans l'usage ordinaire, il ne soit pas possible de décider d'une valeur de vérité pour "Pégase vole" et "~Pégase vole" »[2]. Les noms à référence vide impliquent, à ce titre, des « lacunes dans les valeurs de vérité » (*truth-value gaps*) dont on ne saurait facilement s'accommoder : car s'il est « tout à fait normal que la valeur de vérité d'un énoncé reste ouverte », il est, en revanche, pour le moins « gênant de laisser la signification même d'un énoncé à jamais non fixée »[3].

Une tentative classique de solution à ce paradoxe a notamment été proposée par le philosophe Alexius Meinong à travers sa distinction entre les modalités ontologiques de la subsistance et de l'existence[4] : les noms à référence vide renverraient ainsi à des individus subsistants (dans un monde éternel), mais non existants (dans le monde réel). Quine rejette pourtant cette solution, qui conduit selon lui à la mise en place d'un « univers surpeuplé » qui « offense le sens esthétique de ceux qui, comme [lui], ont le goût des paysages désertiques »[5]. C'est pourquoi il recherche ailleurs une solution au problème des noms à référence vide : cette solution sera trouvée dans une exploitation de la théorie russellienne des descriptions définies.

Descriptions définies et élimination des termes singuliers

Les difficultés que je viens de mentionner sont justement celles qui sont abordées par Bertrand Russell dans son article de 1905 intitulé « De la dénotation ». Russell se demande ici comment nous pouvons, sans non-sens, parler d'individus qui n'existent pas, par

---

1. W.V.O. Quine, « Signification et inférence existentielle », dans PVL, p. 229.

2. *Ibid.*

3. W.V.O. Quine, *La poursuite de la vérité* [= PV], trad. fr. M. Clavelin, Paris, Seuil, 1993, p. 131.

4. *Cf.* A. Meinong, *La théorie de l'objet et présentation personnelle*, trad. fr. J-F. Courtine et M. de Launay, Paris, Vrin, 2000.

5. « De ce qui est », p. 28.

exemple en affirmant que « l'actuel roi de France est chauve »[1]. La solution proposée repose sur l'examen des descriptions définies, c'est-à-dire de ces expressions qui sont introduites par un article défini et qui attribuent un prédicat à un sujet. Les descriptions définies sont, selon Russell, une ressource propre à notre langage qui nous permet de parler de choses qui n'existent pas ou que nous ne connaissons pas. Comprise comme une telle description, par exemple, la proposition « l'actuel roi de France est chauve » affirme uniquement qu'il existe un certain objet qui est actuellement roi de France et qui est chauve : puisque ce n'est pas le cas, il s'agit tout simplement d'une proposition fausse, sans qu'il soit nécessaire de rechercher, en outre, dans quel monde un tel objet pourrait bien subsister[2]. Or une telle stratégie d'analyse peut être étendue au-delà des expressions qui sont des descriptions manifestes, comme l'est « l'auteur de *Waverley* » : on peut montrer qu'un certain nombre de noms propres sont, eux aussi, des descriptions de ce type, à ceci près que la description est ici déguisée, ou plutôt abrégée. « Pégase » pourrait, par exemple, être interprété sous la forme de la description définie « le cheval ailé de Bellérophon » : dès lors, « Pégase vole » sera une proposition fausse au même titre que celle selon laquelle l'actuel roi de France est chauve. Le problème lié aux noms propres à référence vide s'évanouit donc comme un faux problème :

> On peut maintenant traiter de façon satisfaisante du royaume des non-entités telles que « le carré rond », « le nombre premier pair autre que *r* », « Apollon », « Hamlet », etc. Ce sont toutes des expressions dénotantes qui ne dénotent rien[3].

Concrètement, Russell s'est servi de sa théorie des descriptions définies pour suggérer une façon d'éliminer les classes, en interprétant les expressions par lesquelles nous nous référons à ces dernières

---

1. *Cf.* B. Russell, « De la dénotation », dans *Écrits de logique philosophique*, trad. fr. J.-M. Roy, Paris, PUF, 1989, p. 208.

2. *Cf.* « De la dénotation », p. 214-215 : « Si maintenant la propriété F n'appartient à aucun terme, ou appartient à plusieurs, il s'ensuit que "*C* a la propriété f" est faux pour toutes les valeurs de f. Aussi "l'actuel roi de France est chauve" est certainement faux [...]. Aussi échappons-nous à la conclusion que le roi de France porte une perruque ».

3. *Ibid.*, p. 215

comme des descriptions abrégées ne nous engageant nullement à poser l'existence d'objets correspondants[1]. Quine, en revanche, a exploité cette méthode en la mettant au service, non pas d'un soutien au nominalisme, mais d'une réévaluation profonde des implications de notre discours en matière d'ontologie. En effet, le philosophe de Harvard ne se contente pas de s'inspirer de la solution russellienne pour résoudre le problème des noms à référence vide : il radicalise cette approche pour la faire aboutir à une élimination de tous les termes singuliers. Cette radicalisation consiste tout d'abord en une généralisation de la thèse selon laquelle les noms propres pourraient s'avérer être des descriptions définies abrégées, thèse qui se voit désormais appliquée aux noms propres dans leur ensemble[2]. Cette application prend une forme quelque peu différente de celle qui était proposée par Russell. Selon Quine, un nom propre abrège en réalité une description dont le prédicat est censé s'appliquer à un objet unique : le nom « Pégase » pourra ainsi être paraphrasé sous la forme « la chose qui est-pégase », ou « la chose qui pégase »[3]. En d'autres termes, on reformule les expressions qui réfèrent apparemment à des individus singuliers (« Pégase ») de façon à ne faire intervenir que des variables (« le x qui ») et des termes généraux (« pégaser »). La catégorie des noms propres se voit donc « reconstruite comme une catégorie subordonnée à celle des termes généraux, plutôt qu'à celle des termes singuliers »[4].

Le second point de radicalisation tient au fait que Quine réinterprète comme des descriptions définies les expressions démonstratives du type « cette pomme », expressions que Russell continuait à

---

1. *Cf.* D. Vernant, « Quine et Russell », dans J.-M. Monnoyer (éd.), *Lire Quine. Logique et ontologie*, Paris, L'Éclat, 2006, p. 105 : « Dès 1906, Russell eut l'idée d'appliquer sa méthode de définition des descriptions définies aux classes, inaugurant ainsi une stratégie de réduction de tous les objets logico-mathématiques ».

2. *Cf.* « De ce qui est », p. 30 : « Russell, dans sa théorie de ce que l'on appelle les descriptions singulières, a montré clairement comment nous pourrions utiliser, de façon non dépourvue de signification, des noms apparents sans supposer qu'il y ait des entités prétendument nommées ».

3. « De ce qui est », p. 34.

4. MC, § 38, p. 256, traduction modifiée.

considérer comme d'authentiques noms propres[1]. Selon Quine, les expressions de ce type peuvent être paraphrasées sous la forme « l'objet unique qui est ici une pomme »[2]. En conséquence, il s'avère que tous les termes singuliers, qu'il s'agisse des noms propres ou des expressions démonstratives, peuvent être « éliminés », c'est-à-dire réinterprétés sous une forme qui n'implique pas de désignation directe d'un objet donné[3].

Une telle élimination a, naturellement, des conséquences en termes d'ontologie de l'individu. Quine reconnaît ainsi ce qu'elle peut avoir de choquant pour quelqu'un qui serait attaché aux prétentions de notre discours à la référence singulière. Comme il le fait remarquer, « [o]n a l'impression qu'en reclassant les noms parmi les termes généraux, on "confisque" une partie de leur signification, à savoir leur prétention à l'unicité »[4]. Et il est vrai que cette nouvelle approche diminue considérablement la portée de notre langage en termes de référence à des entités individuelles : loin de renvoyer par essence à un individu unique et identifiable, notre discours, même lorsqu'il fait usage d'expressions apparemment référentielles, fait preuve d'une neutralité ontologique à l'égard de l'individuel. Ainsi, ce n'est pas parce que l'on emploie un nom (apparent) que l'on nomme une chose ou une personne unique :

> Nous n'avons plus à être victimes de l'illusion selon laquelle, dès lors qu'un énoncé contenant un terme singulier est pourvu de signification, cela présuppose une entité nommée par le terme. Un terme singulier n'a pas besoin de nommer pour être signifiant[5].

Dire cela, ce n'est pas dire que notre discours ne renvoie jamais à des individus : mais c'est dire, en revanche, que le seul fait de recourir à des termes singuliers n'implique pas, en tant que tel, d'engagement ontologique quant à l'existence de réalités correspondantes. Dès lors,

1. Ce point est notamment analysé par D. Vernant, « Quine et Russell », p. 114.

2. *Cf.* MC, § 34, p. 235.

3. *Cf.* « Signification et inférence existentielle », p. 232 : « On se débarrasse ainsi de toute la catégorie des termes singuliers […]. En se dispensant de la catégorie des termes singuliers, on se dispense d'une source majeure de confusion théorique ».

4. *Ibid.*, p. 258.

5. *Ibid.*, p. 35.

l'éventail des entités individuelles que nous admettons dans notre ontologie n'a pas à être indexé sur celui des noms propres et termes singuliers que nous comptons dans notre vocabulaire. C'est pourquoi il conviendra d'élaborer un nouveau critère d'engagement onto-logique afin d'identifier quelles entités, et notamment quelles entités individuelles, sont présupposées par notre discours. Je vais à présent examiner ce nouveau critère.

RELATIVISATION DE L'ONTOLOGIE ET RELATIVISATION DE LA NOTION D'INDIVIDU

« *Être, c'est être la valeur d'une variable* »

Puisque les expressions qui prétendent référer à des objets peuvent être réinterprétées sous la forme d'expressions qui attribuent un prédi-cat à une variable, il s'ensuit que l'élément de notre langage qui nous permet véritablement de faire référence n'est autre que la variable. C'est cette idée qui est exprimée par Quine à travers sa thèse récur-rente selon laquelle « être, c'est être la valeur d'une variable »[1]. Ce slogan quinien présente une apparence provocatrice, puisqu'il semble faire de l'existence une pure et simple question de langage. Compre-nons bien, cependant, que ce que propose une telle affirmation, c'est uniquement un critère d'engagement ontologique nous permettant d'identifier quelles entités une théorie donnée reconnaît comme exis-tantes. Ce qu'elle signifie, c'est que se référer à des objets, c'est employer une expression quantifiée dans laquelle un prédicat est accolé à une variable, si bien que la question de savoir quels objets une théorie intègre à son ontologie devient celle de savoir quel champ de valeurs possibles elle reconnaît pour ses variables[2]. Pour déter-miner l'ontologie d'une théorie, il suffira donc de paraphraser cette dernière sous forme de propositions quantifiant sur des variables, et d'examiner quel domaine de valeurs leur est associé :

---

1. *Cf.* « De ce qui est », p. 40 : « Être admis comme une entité, c'est purement et simplement être la valeur d'une variable ».
2. Cf. *ibid.*, p. 212 : « Notre question était la suivante : quels objets requiert une théorie ? Voici notre réponse : ce sont les objets qui ont à être des valeurs de variables pour que la théorie soit vraie ».

> Un [...] moyen de dire quels objets requiert une théorie est de dire que ce sont les objets dont certains des prédicats de la théorie ont à être vrai, pour que cette théorie soit vraie. Or c'est la même chose que de dire que ce sont les objets qui ont à être des valeurs des variables pour que la théorie soit vraie [1].

Une telle attitude implique une modification profonde de notre façon de poser la question des individus. Elle suppose en effet une relativisation des questions d'ontologie, où les questions d'existence deviennent non plus celles de savoir ce qui existe dans l'absolu, mais ce qu'une théorie reconnaît, implicitement ou explicitement, comme existant : ce qu'elle admet comme valeurs potentielles pour ses variables. Comme le fait remarquer Quine, « nous voilà maintenant passés à la question de nous assurer, non pas de l'existence, mais des imputations d'existence : de ce qu'une théorie affirme qu'il existe » [2]. Même à supposer que l'existence, en tant que telle, soit une « question de fait », il reste que « [d]ire ou impliquer ce qui existe [...] est affaire de langage » [3].

Relativité du principe d'individuation et inscrutabilité de la référence

Une première conséquence de ce changement de perspective est que l'enquête sur la place des individus dans l'ontologie devient, à son tour, relative à un langage donné. Selon Quine, « nous sommes incapables de dire en termes absolus ce que sont les objets » [4] : l'ontologie doit donc renoncer à spécifier les composantes individuelles du réel pour se demander plutôt comment une théorie donnée divise ce dernier. On peut alors reprendre les questions que l'on avait mentionnées plus haut : Y a-t-il des individus ? N'y a-t-il que des individus ? Quelle est la nature de ces individus ? Ces questions reviendront désormais à demander si, parmi les valeurs de ses variables, une théorie donnée admet des individus, et si elle admet *uniquement* des indi-

---

1. W.V.O. Quine : « Existence et quantification », dans RO, p. 211.
2. « Existence et quantification », p. 109.
3. PV, p. 52.
4. « Relativité de l'ontologie », p. 79.

vidus. On touche donc ici à l'épistémologie holiste de Quine, qui présente l'ensemble de nos connaissances comme un réseau entrelacé et interdépendant. En effet, l'ontologie qui est la nôtre ne peut être comprise que comme une composante de ce schème ; quant aux objets individuels qui sont les éléments de base de cette ontologie, ils deviennent à leur tour de simples « nœuds » dans l'économie de ce système d'ensemble :

> Nous croyons découvrir des objets et, de fait, il y a bien découverte ; mais, en fin de compte, ce que nous découvrons, c'est le besoin d'autres nœuds pour développer nos structures théoriques [1].

Cette relativisation de la notion d'individu se manifeste notamment à travers la thèse quinienne de l'inscrutabilité de la référence. Cette thèse est introduite par Quine dans le cadre de ses réflexions sur l'indétermination de la traduction, réflexions qui ont pour objet de contester la conception naïve selon laquelle les mots auraient une signification objective et isolée. Cet argument repose sur l'invention d'une situation de « traduction radicale » où un linguiste, transplanté dans une culture dont il ignorerait tout, chercherait à élaborer un manuel de traduction depuis la langue indigène vers la sienne propre. Selon la célèbre conclusion de Quine, une telle traduction resterait nécessairement indéterminée, c'est-à-dire que l'on pourrait toujours élaborer plusieurs manuels de traduction incompatibles entre eux qui rendraient également compte du comportement verbal des indigènes [2]. La thèse de l'indétermination de la traduction repose ainsi sur l'idée que différentes langues, et donc différents schèmes conceptuels, adoptent des découpages du réel différents, voire incommensurables. Or cette thèse a pour conséquence que le point d'arrêt qu'assigne une langue donnée au découpage qui est le sien est quelque chose qui lui est propre, et qui ne saurait être identifié depuis le point de vue d'une autre langue. C'est pourquoi il est impossible de déterminer en toute certitude à quels individus prétend référer

---

1. *Cf.* Q, « Référence, réification », p. 207. *Cf.* également PV, p. 48, où les prétendus « objets individuels » sont présentés comme des « points nodaux idéaux en ces foyers où s'entrecroisent des énoncés d'observation ».

2. *Cf.* MC, § 7, p. 58.

une langue ou une théorie donnée : l'une des questions qui demeureront indéterminées, dans la traduction radicale, sera celle de savoir à quels objets les noms du langage indigène font référence.

Supposons, par exemple, que l'indigène prononce systématiquement l'expression « *gavagai* » lorsqu'il reçoit une stimulation correspondant à ce que le linguiste, dans sa langue, désigne comme un « lapin ». Selon Quine, on n'est nullement autorisé à en conclure que l'expression « *gavagai* » signifie : « Tiens, un lapin ! ». En effet, cette émission verbale pourrait fort bien renvoyer, non pas au lapin dans son individualité, mais à différentes parties de ce dernier :

> Qui sait si les objets auxquels ces termes s'appliquent ne sont pas, après tout, plutôt que des lapins, de simples phases, ou de brefs segments temporels de lapins ? [1].

Pour trancher entre ces différentes hypothèses, il faudrait avoir accès aux mécanismes d'individuation du locuteur, savoir jusqu'où l'ontologie indigène pousse cette individuation :

> La seule différence entre les lapins, les parties non détachées de lapins, et les segments temporels de lapin, réside dans leur individuation. [...] La seule différence réside dans la façon dont vous avez découpé en tranches cette portion de l'univers [2].

Puisque cette individuation s'avère relative à une langue ou à une culture donnée, on peut en conclure qu'il n'y a, en un sens, pas d'individus : qu'il n'y a que différentes façons de découper le réel à la lumière de nos intérêts et du reste de nos croyances. Je vais à présent approfondir cette idée en présentant la généalogie que propose Quine pour la notion d'individu.

GÉNÉALOGIE DE L'INDIVIDU

Le point de vue ontogénétique : l'apprentissage de la référence

J'ai commencé par montrer que l'austérité revendiquée par Quine en matière d'ontologie ne le conduisait pas à conférer un statut méta-

---

1. MC, § 12, p. 90.
2. « Relativité de l'ontologie », p. 44.

physique privilégié aux réalités individuelles, puis j'ai souligné comment cette ontologie en venait à relativiser la seule notion d'individu, en posant que ce qui vaut comme un individu dépend d'un langage et d'une culture donnée. Or cette relativisation de la notion d'individu peut être appuyée par une généalogie de cette notion qui conduit, par là même, à sa déconstruction. L'une des thèses de Quine est ainsi que « [l]a "chosification" commence d'emblée »[1] : c'est-à-dire que nous tendons spontanément à découper le réel en individus. Mais dire que ce découpage du réel commence *d'emblée*, c'est aussi dire qu'il *commence* : que l'on peut en retracer l'histoire, que l'on peut faire l'« ontogénèse de la référence »[2].

Une telle généalogie peut, tout d'abord, être réalisée au niveau de l'enfant, à travers une enquête sur l'apprentissage des mécanismes d'individuation. Selon Quine, la première expérience que l'enfant a de la réalité est celle d'une multiplicité fluctuante et indivise de perceptions : de couleurs, de son, d'odeurs… L'apprentissage du langage consistera alors dans un « embrigadement » progressif de ce flux via l'acquisition de notions de substances individuelles. C'est cet embrigadement progressif qui est décrit dans l'article « Choses » du dictionnaire philosophique quinien, et ce par un appel à la psychologie de James :

> William James décrit le premier monde sensoriel du bébé comme « une confusion florissante, bourdonnante ». Puis, avec le temps, un certain triage s'effectue. « *Tiens*, fait-il "dire" au nourrisson en son for intérieur, encore *chosareu* ! ».
>
> *Chosareu* : un biberon peut-être, ou une balle, une serviette, ou encore une mère ? Ou alors c'était peut-être seulement un rayon de soleil, une brise fraîche ou un fragment de babillage maternel. Toutes ces choses sont sur le même plan quand on les rencontre pour la première fois. Ce n'est que beaucoup plus tard que nous en venons à reconnaître les choses corporelles comme fondement substantiel de la nature[3].

Ce qui fait la différence entre cette première phase et celle où l'on a achevé le découpage du réel en substances individuelles, c'est la

---

1. MC, § 1, p. 25.
2. *Cf.* MC, chap. III.
3. *Cf.* Q, « Choses », p. 29.

maîtrise d'une faculté à identifier le même comme même, à *reconnaître* les objets : de là la thèse récurrente de Quine selon laquelle il n'y a « pas d'entité sans identité ». Or le critère qui permet de dire que l'on a achevé l'acquisition de cette faculté de reconnaissance est justement le fait que l'on maîtrise l'usage des termes singuliers[1]. Muni de ces outils linguistiques, le sujet peut alors opérer une projection rétrospective des catégories acquises dans l'expérience passée :

> Une fois que l'enfant a achevé de traverser la crise de l'individuation, il est prêt à réévaluer des termes qu'il avait auparavant. « Maman » en particulier arrive à valoir rétroactivement comme le nom d'un objet vaste et récurrent, qui est néanmoins individu, donc comme un terme singulier par excellence[2].

Une telle projection rétrospective pourrait nous donner l'illusion que nos notions de substances individuelles sont des notions originelles : l'un des effets de la généalogie du principe d'individuation opérée par Quine est justement de nous guérir des illusions de ce type.

Le point de vue phylogénétique

À ce développement du principe d'individuation chez l'enfant répond un développement analogue au sein de l'espèce humaine en général : l'ontogénèse, en ce sens, récapitule la phylogénèse. Quine s'intéresse ainsi à l'émergence des procédures d'individuation aux premières époques du langage[3], et il décrit alors le processus progressif de domestication de la réalité par l'élaboration de notions individuelles dans des termes assez semblables à ceux que nous avons examinés dans le cas de l'enfant :

1. *Cf.* « Parler d'objets », p. 20 : « Ce n'est qu'à partir du moment où l'enfant a saisi l'usage complet et véritable de termes *individuants* comme "pomme", qu'on peut proprement dire que l'enfant sait se servir de termes en tant que termes et parler d'objets […]. Des termes de ce genre contiennent incorporés en eux des modes d'individuation ».
2. « Parler d'objets », p. 22.
3. *Cf.* « Identité, ostension et hypostase », dans PVL, p. 119-120 : « Les expressions relatives à des objets physiques ont certainement occupé une position centrale dès les premières époques du langage ; ces objets fournissaient en effet des points de référence relativement fixes utiles au développement social que constitue le langage ».

> Afin de réduire le flux déconcertant des événements observables, nous les systématisons et les simplifions (comparativement parlant) en interpolant un support ou une trajectoire provisoire et invisible entre les diverses observations de ce que nous avons choisi de considérer comme le même corps ou la même substance. Ainsi, en ajustant et en réajustant nos réifications et nos réidentifications, notre objectif est d'obtenir le plus simple et le plus paresseux de tous les mondes possibles, du moment qu'il reste compatible avec nos observations [1].

Ce travail de réduction du «flux déconcertant des événements observables» sera poursuivi par chaque culture particulière en fonction des intérêts qui lui sont propres. Dès lors, non seulement la détermination de ce qui vaut comme individu est relative à une théorie donnée, mais elle est essentiellement orientée par des considérations d'ordre pragmatique. Ce qui, selon Quine, motive l'adoption d'une ontologie donnée plutôt que d'une autre, ce sont principalement des raisons économiques. En particulier, la question de savoir quelles substances individuelles intégrer à cette ontologie devient une simple question pratique :

> Notre acceptation d'une ontologie est, selon moi, similaire en principe à notre acceptation d'une théorie scientifique, par exemple d'un système de physique; nous adoptons, pour autant que nous sommes raisonnables, le schème conceptuel le plus simple dans lequel on puisse faire entrer et arranger les fragments désordonnés de l'expérience brute [2].

Ces considérations s'appliquent à la genèse de la notion d'individu au sens large de «substance individuelle», mais elles valent également pour la notion d'individu en un sens plus étroit, c'est-à-dire au sens de personne humaine. Les notions de personne et d'identité personnelle sont, à leur tour, un produit de notre culture dont l'élaboration ne diffère de celle des substances individuelles que par le caractère spécifique des intérêts et des valeurs qui s'y attachent :

> La question de savoir jusqu'où faire remonter l'émergence d'une personne – si c'est à sa naissance, à sa conception, ou quelque part entre

---

1. *Cf.* Q, « Choses », p. 30.
2. « De ce qui est », p. 44-45.

les deux, reste ouverte, précisément parce que, encore récemment, l'utilité du mot « personne » ne dépendait guère de tels détails [1].

Dès lors, puisque l'individuation est tributaire d'une culture, la question de savoir jusqu'à quel point pousser la démarche individuante l'est également. Le degré le plus élémentaire est certes celui de l'individuation des objets matériels et des personnes, mais on peut aller plus loin dans la réification : « [m]ême la conception si raffinée de corps permanents et capables de réapparaître, pour typique qu'elle soit de notre ontologie humaine, n'est guère plus pour nous qu'un commencement » [2]. À mesure qu'une culture se développe et se raffine, elle peut, à partir de ce point de départ, produire des individuations plus sophistiquées, et réifier, par exemple, « les liquides et l'air invisible » [3].

Une telle réinscription des mécanismes d'individuation dans l'histoire de la culture rend alors ces mécanismes essentiellement contingents, et donc susceptibles de disparaître. Assurément, le schème conceptuel qui est actuellement le nôtre est un « schème individuant et axé vers l'objet » [4] ; cependant, on peut parfaitement imaginer un stade supérieur de la culture où notre tendance à découper le réel en individus sera dépassée vers une vision élargie et englobante du réel :

> [U]n jour il se peut que [...] quelque élément du discours individuant qui est présentement le nôtre, vienne à s'éteindre en se conservant à l'état de vestige, mi-rudimentaire et mi-adapté, au sein d'un nouveau patron qui transcenderait l'individuation, et que l'on ne s'imagine pas encore [5].

CONCLUSION : L'INDIVIDU, UN MYTHE ?

Comme on l'a vu, les réflexions quiniennes sur l'ontologie conduisent à relativiser la notion d'individu, à rendre la façon parti-

---

1. *Cf.* Q, « Identité », p. 111.
2. PV, p. 50.
3. *Ibid.*
4. « Parler d'objets », p. 36.
5. *Ibid.*

culière dont chaque culture découpe le réel tributaire de son schème d'ensemble. De ce point de vue, la notion d'individu peut tout à fait être mise sur le même plan que cet autre type de représentations ancrées dans la culture que sont les mythes. Ce rapprochement est opéré par Quine lui-même, lorsqu'il présente les prétendues « choses » comme des « objets posés [*posits*] irréductibles, comparables, épistémologiquement, aux dieux d'Homère »[1]. Il y a ainsi un « mythe des objets physiques »[2], dont la supériorité sur les autres conceptions possibles du monde tient uniquement au fait qu'il s'agit d'un « mythe commode »[3]. Dire cela, n'est-ce pas discréditer entièrement la notion même d'individu ou de substances individuelles ? Comment répondre à l'objection d'un réaliste qui voudrait maintenir l'idée de réalités individuelles et indivisibles, et qui verrait dans cette relativisation quinienne la marque d'un dangereux scepticisme ?

À cette objection, une première forme de réponse pourrait être que cette façon de poser la question fait, de toute façon, fausse route. Encore une fois, l'ontologie ne saurait examiner ce qui est depuis un point de vue absolu, mais uniquement demander ce qu'une théorie admet et doit admettre comme existant : le prétendu défenseur de l'existence des individus ne fait donc lui-même qu'opposer une ontologie relative à une autre ontologie relative. Une seconde forme de réponse découle de la première : le fait que les individus soient posés en fonction de notre schème conceptuel est précisément ce qui leur confère une forme de stabilité. Qu'ils puissent être considérés comme des *posits* contingents du point de vue d'une autre théorie n'ôte rien à ce qu'ils peuvent avoir de sacro-saint *pour nous*, ni à l'irréductibilité que nous leur conférons. En ce sens, « dire d'une entité qu'elle est postulée, ce n'est pas la prendre de haut »[4].

Sabine PLAUD
Université Paris I Panthéon-Sorbonne

1. « Deux dogmes de l'empirisme », p. 79.
2. *Ibid.*
3. « De ce qui est », p. 46.
4. PV, introduction, p. 14.

SÉMANTIQUE, LOGIQUE, ONTOLOGIE : LE PROBLÈME DE L'INDIVIDU SELON STRAWSON

Le concept d'individu occupe une place centrale dans la réflexion de Strawson sur la référence singulière et la prédication – réflexion qui, de son propre aveu, traverse toute son œuvre[1]. Il se situe au carrefour de trois problèmes que l'on pourrait identifier ainsi :

1) Le problème *sémantique* des conditions à satisfaire par toute une classe d'expressions (noms propres ordinaires, pronoms personnels, démonstratifs, descriptions définies) pour pouvoir accomplir leur fonction qui est de référer de façon singulière (*uniquely*), définie (*definitely*) ou identifiante (*identifyingly*) à des particuliers et de la contribution de ces expressions à la valeur de vérité des phrases dont elles constituent une partie distincte.

2) Le problème *logico-grammatical* des marques ou critères de la dualité, couramment admise en philosophie de la logique[2], entre ces deux sortes d'expressions que sont le terme singulier défini ou expression-sujet logique, d'un côté, l'expression ou terme-prédicat, de l'autre, dont le couplage (*coupling*) donne une unité pouvant prétendre, dans les cas favorables (de réussite de la référence singulière et/ou de l'application correcte d'un prédicat à l'objet référé), à une valeur de vérité.

---

1. *Cf.* P.F. Strawson, « Intellectual Autobiography », dans L.E. Hahn (ed.), *The Philosophy of Peter Strawson*, La Salle (Ill.), Open Court, 1998, p. 7.

2. À l'exception notable de Ramsey. Voir, sur ce point, l'article de B. Hale, « Universals and Particulars : Ramsey's Scepticism », dans P.F. Strawson et A. Chakrabarti (eds.), *Universals, Concepts, and Qualities : New Essays on the Meaning of Predicates*, Aldershot, Ashgate, 2006, p. 177-204.

3) Le problème de savoir ce qui justifie *métaphysiquement* ou *ontologiquement* – *i.e.* du point de vue de la structure de nos pensées sur le monde – cette dualité ainsi que la thèse traditionnelle corrélative de la prééminence d'une certaine catégorie de choses (les particuliers spatio-temporels) parmi les individus.

Bien qu'il soit en principe possible de traiter ces problèmes séparément de sorte qu'il apparaissent comme trois problèmes de nature différente, ceux-ci sont en réalité étroitement mêlés dans la réflexion de Strawson sur le concept d'individu au point de pouvoir être considérés comme trois aspects d'un seul et même problème : le problème de l'individu[1]. Dans cette étude, nous privilégierons à chaque fois un certain aspect du problème (par exemple, sémantique) sans toutefois perdre de vue son rapport possible aux autres aspects (par exemple, logique, ontologique et, éventuellement aussi, épistémologique).

« ON REFERRING » : LE PROBLÈME
DE LA RÉFÉRENCE SINGULIÈRE

Il ne serait pas exagéré de dire que la forme sous laquelle Strawson a initialement rencontré le problème de l'individu est celle d'un problème sémantique, c'est-à-dire d'un problème qui concerne les conditions de la référence singulière. Cette manière d'aborder le problème sous un angle *prima facie* linguistique peut paraître étrange à bien des égards. Comment une réflexion sur le langage, ou plus précisément, sur l'usage de certaines expressions linguistiques pourrait-elle nous enseigner quelque chose sur la signification du concept (philosophique) d'individu ? Le mot « individu » ne désigne-t-il pas avant tout un genre d'entité, une catégorie ontologique *sui generis* distincte de celle à laquelle nous nous référons lorsque nous disons de quelque chose qu'il peut être l'*objet* d'une référence singulière[2] ?

---

1. Nous suivons, en cela, la suggestion faite par Strawson lui-même dans « Individuals », dans G. Fløystad (ed.), *Philosophical Problems Today*, vol. 1, Dordrecht-Boston-London, Kluwer, 1994, p. 42.

2. Selon l'un de ses usages courants, le mot « individu » désigne une certaine catégorie de choses : une *personne* ou un *être humain*. Sur ce point, *cf.* Strawson, *op. cit.*, p. 26.

Mais dire cela, c'est déjà préjuger de ce à quoi ce concept peut légitimement s'appliquer. C'est déjà opérer une restriction sur le genre de choses susceptibles de prétendre au statut d'individu en confondant la distinction *fonctionnelle* entre individu et prédicat avec la distinction *ontologique catégoriale* entre particulier et universel[1]. La meilleure façon de préserver le caractère catégorialement englobant (*comprehensive*) du concept d'individu sans pour autant nier le primat ontologique de certains particuliers parmi les différents candidats possibles à ce titre est sans doute d'aborder le problème sous l'*angle le plus large*, à savoir, selon la perspective initialement choisie par Strawson, celui des conditions de l'usage référentiel discriminant de certaines expressions[2]. Une personne, un objet, un événement, un processus, une occurrence de propriété ou de qualité, en dépit de différences catégoriales importantes, ont tous pour point commun de pouvoir faire l'objet d'une référence telle qu'il n'existe qu'un seul individu satisfaisant les conditions impliquées par l'usage de l'expression linguistique correspondante au sein d'une phrase de type prédicatif. Avant d'être exemplifiable par une certaine catégorie de choses, le concept d'individu est exemplifiable par *tout ce à quoi* nous pouvons nous référer dans le langage de façon discriminante ou identifiante, y compris des non-particuliers[3].

La manière dont nous venons de formuler le problème pourrait, toutefois, nous induire en erreur. Elle pourrait donner l'impression que les conditions en question ne sont pas effectivement réalisées mais qu'elles constituent une sorte de préalable à leur réalisation, un prérequis. En réalité, il s'agit moins de savoir quelles conditions *doivent*

1. Sur la différence de nature entre ces deux distinctions, cf. P.F. Strawson, « Symposium – Logical Subjects and Physical Objects. I, Logical Individual and Spatio-Temporal Particular », *Philosophy and Phenomenological Research*, vol. 17, n° 4, 1957, p. 441-444; *Individuals : An Essay in Descriptive Metaphysics* [= *I*], trad. fr. A. Shalom et P. Drong, Paris, Seuil, 1973, p. 153-154. Par distinction fonctionnelle, il faut entendre une distinction entre des *rôles* ou des *manières de figurer* dans le discours; par distinction catégoriale, une distinction entre des sortes de choses différentes.

2. Voir « On Referring » [= *OR*], trad. fr. J. Milner dans P.F. Strawson, *Études de logique et de linguistique*, Paris, Seuil, 1977, p. 9-10.

3. *I*, p. 254, traduction modifiée : « Si nous définissons "être un individu" comme "le fait de pouvoir figurer en tant qu'individu" [dans un jugement prédicatif], alors un individu, c'est n'importe quel genre de chose ». Voir aussi, « Individuals », p. 27.

être satisfaites par les termes singuliers pour que ceux-ci *puissent* jouer leur rôle de termes identifiants que de savoir *comment* elles le sont par l'usage que nous faisons habituellement de ces termes dans nos situations ordinaires de communication. La prémisse dont part Strawson pour décrire les conditions de la pensée référentielle singulière est que nous parvenons généralement bien à réaliser la tâche de préciser *de quoi* ou *de qui* nous voulons parler (*à quoi* ou *à qui* nous pensons)[1]. Décrire ces conditions revient donc à décrire la façon dont elles sont généralement satisfaites en situation d'interlocution, non à formuler ces conditions en mettant en doute notre aptitude à accomplir ce genre de tâche dans le langage et par la pensée.

Mais pour pouvoir préciser ces conditions, il faut déjà éliminer une interprétation erronée de la sémantique des expressions au moyen desquelles nous accomplissons ordinairement la tâche de référer (dans le langage et par la pensée) de façon discriminante à des individus. Tel est justement l'objet de l'article de 1950. Il est bien connu que l'auteur y prend pour cible la théorie russellienne des descriptions définies que les logiciens (jusqu'à Strawson) avaient considéré à tort comme une théorie adéquate de l'usage de ces expressions[2]. Notre objectif ici n'est pas d'exposer cette critique pour elle-même mais simplement d'en rappeler les principaux résultats afin de voir ce qui caractérise, par contraste, l'approche strawsonienne du problème sémantique de l'individu à cette époque.

Deux points, en particulier, méritent d'être soulignés – l'un négatif, l'autre positif. Le premier est que les phrases dans lesquelles une expression est utilisée en position de sujet grammatical pour référer de façon identifiante à un individu (typiquement, une description commençant par l'article défini « le ») ne sont pas, contrairement à ce que soutient Russell, des affirmations existentielles singulières déguisées[3]. Dire, par exemple, que « le roi de France est sage » ne revient pas à affirmer sous une forme grammaticalement trompeuse

---

1. Cf. *OR*, p. 27 : « Pour atteindre un tel objectif, nous devons disposer d'une façon d'anticiper la question : "De quoi (de qui, duquel) parlez-vous ?" ».

2. *OR*, p. 11.

3. Le texte de référence est B. Russell, « On Denoting », *Mind*, New Series, vol. 14, n° 56, 1905, p. 479-493, trad. fr. J.-M. Roy dans B. Russell, *Écrits de logique philosophique*, Paris, PUF, 1989.

que : a) il y a un x qui est roi de France ; b) aucune autre chose que x n'est roi de France ; c) cette chose unique x est sage[1]. Si énoncer cette phrase (appelons-la « P ») était réellement une façon déguisée *d'affirmer* qu'il existe un individu et un seul satisfaisant la double condition descriptive (F et G), alors P devrait avoir une valeur de vérité dans tous les cas où elle est utilisée, y compris ceux où la référence singulière vient à manquer. Or ce qui montre que tel n'est pas le cas (que ce type de phrase n'a pas de valeur de vérité dans *chacun* de ses usages particuliers, notamment en cas d'échec de la référence singulière) est que la négation de la proposition existentielle censée être impliquée (*entailed*) par l'énonciation de P (« il n'y a pas de roi de France ») n'a pas valeur de *contradiction* de la proposition niée. Elle n'aurait valeur de contradiction que si : a) P entraînait logiquement la proposition existentielle singulière ; b) nier la proposition existentielle était toujours une façon de se prononcer sur la valeur de vérité de P. Or, comme le remarque très justement Strawson : a) la relation d'implication (*implication*) entre P et l'existence de l'individu unique auquel il est fait référence dans P ne doit pas être confondue avec la relation de conséquence logique (*logical entailment*) entre deux propositions[2] ; b) lorsque nous nions que le roi de France existe en réponse à l'énonciation de P, « nous ne disons certainement pas que cette affirmation est fausse. Nous indiquons bien plutôt une raison de dire que la question de savoir si ceci est vrai ou faux ne se pose tout simplement pas »[3]. De ce qu'une phrase telle que P ne soit pas équivalente à une affirmation existentielle singulière déguisée, il ne faudrait pourtant pas en conclure qu'il n'existe rien de tel que l'acte de référer de façon discriminante à un individu. Nier que cet acte ait valeur d'affirmation (*assertion*) n'est pas nier la réalité de l'acte lui-même. Bien au contraire, toute phrase disant explicitement qu'il y a un x et un seul satisfaisant l'exigence attributive présuppose la réalité de l'acte d'identification démonstrative d'où elle tire son sens en tant qu'affirmation[4].

---

1. En notation logique simplifiée : $(\exists x)\,[Fx \wedge (\forall y)\,(Fy \rightarrow x=y) \wedge Gx]$.
2. *OR*, p. 22. *Cf.* aussi, p. 24-25.
3. *OR*, p. 22.
4. Cf. *OR*, p. 25.

Ceci nous conduit tout droit au deuxième résultat important de l'article, plus positif. Puisque contester qu'une phrase telle que *P* ait valeur d'affirmation existentielle singulière déguisée ou explicite ne revient pas à nier la réalité de l'acte référentiel lui-même, il s'ensuit que cet acte a des conditions de réalisation qui dépendent moins du contenu propositionnel asserté que des circonstances dans lesquelles il est réalisé en tant que performance linguistique non-assertive. Que la signification de certaines expressions (paradigmatiquement, les expressions déictiques ou indexicales) soit sensible au contexte de leur usage et/ou de leur énonciation est un fait qui plaide plutôt en faveur d'une approche *pragmatique* de la sémantique des expressions en question. Strawson favorise manifestement ce type d'approche sans pour autant confondre leur signification avec leur usage, ni du reste avec l'énonciation des phrases au sein desquelles elles sont utilisées[1]. C'est, d'après lui, le contexte d'énonciation entendu en un sens relativement large, associé aux règles conventionnelles qui régissent l'emploi de ces expressions, qui déterminent ce à quoi nous référons de façon identifiante, l'individu particulier auquel nous référons[2]. Le cas paradigmatique est celui de l'usage de l'indexical « je » au sein d'une phrase. Cet usage ne parvient à discriminer réellement la personne singulière à laquelle il est fait référence par ce mot qu'en rapport à une situation spatiale et temporelle d'énonciation liée à la position et à l'histoire du locuteur (de celui qui dit « je ») en situation d'interlocution. Il est possible, dans ce cas, de formuler une exigence assez précise pour l'usage référentiel singulier correct de ce mot qui est que « la chose (à laquelle il est fait référence) soit identique au locuteur »[3]. Strawson qualifie cette exigence valant spécifiquement pour l'usage correct des expressions référentielles singulières d'exi-

---

1. *Cf.* sur ce point, *OR*, p. 15-19.

2. Cf. *OR*, p. 23-24 pour le rôle du contexte d'énonciation et p. 27, 29-30 pour celui du contexte associé aux règles de l'usage des expressions utilisées pour référer à un individu particulier. Le contexte inclut, pour Strawson, le temps, le lieu et « les autres particularités de la situation d'énonciation » (p. 23) parmi lesquelles figurent « la situation, l'identité du locuteur, les matières qui constituent le centre immédiat d'intérêt » et éventuellement aussi « les histoires personnelles du locuteur et de celui auquel il s'adresse » (p. 29).

3. *OR*, p. 29.

gence « contextuelle »[1]. C'est la satisfaction de cette exigence, associée au respect des règles conventionnelles d'usage de ce genre d'expression, qui singularise ou individue l'objet auquel il est fait référence au moyen de celle-ci, non une affirmation existentielle singulière déguisée.

LES INDIVIDUS, I : LES CONDITIONS DE LA PENSÉE INDIVIDUANTE (*INDIVIDUATING THOUGHT*) ET LE PRIMAT ONTOLOGIQUE DE CERTAINES CATÉGORIES DE PARTICULIERS

Bien que l'approche soit sensiblement différente dans le deuxième texte d'importance consacré par Strawson à cette question, le problème reste pour l'essentiel le même. Il s'agit bien, là encore, de décrire et de préciser les conditions effectives de la référence singulière, c'est-à-dire de l'*individuation* par le langage et la pensée de ce sur quoi ils portent[2]. Mais l'approche est sensiblement différente parce que l'objectif n'est plus le même : il ne s'agit plus, comme dans l'article de 1950, de proposer une théorie rectifiée (disons, pragmatique par opposition à « logiciste » au sens large) de l'usage référentiel singulier d'une certaine classe d'expressions mais de décrire certains traits généraux du système de catégories ou de concepts en vertu duquel nous référons dans le langage et par la pensée à des situations ou objets particuliers du monde[3]. L'objectif est donc clairement métaphysique et l'approche, en principe, purement descriptive (par opposition à une approche révisionniste visant à substituer à la structure effective de notre pensée une autre structure conceptuellement plus adéquate)[4]. Le problème subit en conséquence une légère inflexion : il s'agit certes toujours de décrire la façon dont les conditions de la référence singulière sont globalement satisfaites par notre

1. *Ibid.*
2. L'expression « pensée individuante [*individuating thought*] » est utilisée à plusieurs reprises par l'auteur. Voir, par exemple, *I*, p. 27-28.
3. Cf. *I*, p. 15, traduction modifiée : « Mon but est en partie de faire ressortir certains traits généraux et structuraux du schème conceptuel en termes duquel nous pensons au sujet de choses particulières [*we think about particular things*] ».
4. Sur le sens du sous-titre donné par Strawson à son essai, cf. *I*, introduction, p. 9-11.

schème conceptuel ordinaire (qui est un schème réaliste) mais en prenant en compte un phénomène philosophique nouveau qui est celui de la préférence catégoriale (*category-preference*). L'objectif de Strawson, dans *Les Individus*, est métaphysique en ce sens qu'il s'agit, certes, de décrire la structure effective de notre pensée au sujet du monde mais en tant que celle-ci inclut parmi ses traits généraux la prééminence de certaines catégories de particuliers au point de vue de l'identification[1]. Il suffira ici de rappeler quelques éléments-clefs de l'argumentation de Strawson en faveur de la prééminence des particuliers substantiels spatio-temporels (typiquement, les corps matériels et les personnes) dans notre schème conceptuel réaliste ordinaire.

La première question est celle de savoir ce qui permet de garantir l'unicité de la référence dans ce schème. La thèse de Strawson sur ce point est double : c'est, selon lui, l'unicité et l'unité du système de relations spatio-temporelles qui sert habituellement de cadre à nos différents modes d'identification qui garantit l'unicité de la référence (*i.e.* qui garantit que nos pensées au sujet de particuliers soient suffisamment individuantes) et l'une des conditions nécessaires à l'utilisation d'un tel schème est que nous possédions selon lui, outre des critères d'identification, des critères de *ré*identification. Les deux éléments de la thèse répondent à des difficultés (théoriques) différentes et cependant liées.

La première concerne la possibilité d'identifier des particuliers qui ne sont pas perceptibles aux sens, c'est-à-dire qui ne peuvent faire l'objet d'une identification démonstrative fondée sur la capacité du sujet à discriminer perceptivement l'objet auquel réfère l'expression utilisée de façon identifiante (typiquement, un déictique). Cette situation est loin d'être extraordinaire. Nous faisons couramment référence à des particuliers que nous ne percevons pas et nous utilisons pour ce faire un mode d'identification non-perceptif fondé sur l'usage de descriptions. La difficulté (théorique) que pose l'usage de ce mode d'identification est celle de savoir si les conditions de l'unicité de la référence sont toujours garanties dans ce cas. L'argument généralement avancé contre cette possibilité est celui de la duplication massive

---

1. Sur ce sens de la préférence catégoriale par opposition aux versions métaphysiques réductionnistes, cf. *I*, p. 65.

des conditions d'unicité dans un secteur de l'univers reproduisant les traits de la situation à laquelle s'applique la description[1]. La réponse de Strawson à cette difficulté théorique est que l'argument repose sur la prémisse fausse selon laquelle toute identification descriptive d'un particulier doit nécessairement s'effectuer au moyen d'une description qui spécifie de façon très générale les traits de la situation décrite. Il n'est pourtant nullement nécessaire que l'identification descriptive s'effectue de cette façon. Sans elle-même le localiser directement, l'identification descriptive peut toutefois identifier le particulier « en le reliant singulièrement (*uniquely*) à un autre particulier qui, lui, peut être identifié de manière démonstrative »[2]. La solution de Strawson au problème théorique de l'identification non-démonstrative consiste à reconnaître le rôle toujours joué plus ou moins directement par l'identification démonstrative dans l'individuation des objets de la pensée référentielle singulière[3]. Mais pas n'importe quelle identification démonstrative. Pour que celle-ci puisse jouer le rôle de ce qui individue indirectement les particuliers auxquels nous référons descriptivement, il faut que les démonstratifs sur lesquels se fonde l'identification descriptive aient une force spatiale et temporelle[4]. La nature spatio-temporelle du cadre à l'intérieur duquel nous effectuons nos identifications (quel qu'en soit le mode) est un trait essentiel, selon Strawson, de la pensée individuante au sujet de particuliers. Elle en est un trait essentiel parce que c'est elle qui garantit que n'importe quel particulier auquel nous faisons référence de façon discriminante (y compris ceux que nous ne localisons pas directement par la perception) puisse être situé dans ce cadre en entretenant un rapport unique à tous les autres particuliers du même cadre[5].

La première difficulté à laquelle répond le premier élément de la thèse de Strawson est étroitement liée à la seconde dans la mesure où la

1. Pour un exposé analytique détaillé de cet argument, cf. G. Fitch et M. Nelson, « Singular Propositions », dans E.N. Zalta (ed.), *The Stanford Encyclopedia of Philosophy* (*Fall 2008 Edition*), sec. 4, http://plato.stanford.edu/archives/fall2008/entries/propositions-singular/

2. *I*, p. 22, traduction modifiée.

3. Sur ce point, cf. *I*, p. 23.

4. Cf. *I*, p. 131-134.

5. Cf. *I*, p. 23-24, 27.

nécessité de posséder des critères de réidentification découle directement de la prise en compte de situations de discontinuités perceptives
dans lesquelles ce à quoi nous référons n'est pas toujours perçu[1]. Mais
ce deuxième élément de sa thèse (sur la référence singulière) répond à
une difficulté différente qui concerne le rapport entre les différentes
occasions temporelles et spatiales en lesquelles nous effectuons des
références identifiantes. Si la possession de critères d'identification
est une condition nécessaire, selon Strawson, mais non suffisante
d'emploi de notre schème, c'est parce que nous devons aussi pouvoir
identifier les particuliers en un sens qui inclut la possibilité de les
identifier « comme *le même individu* (*as the same individual*) », bref
de les *ré*identifier, d'une occasion d'identification à l'autre[2]. Et le
cadre dans lequel s'opère ces réidentifications ne peut être fourni que
par le système unique et unifié des relations spatio-temporelles (dans
lequel prend place la personne-même du locuteur) puisque seul ce
système est susceptible de donner un sens à l'idée d'une existence
non-perçue mais potentiellement perceptible comme la même à
nouveau, impliquée par celle de réidentification[3].

Jusqu'ici, il n'a été question que des conditions qui garantissent
l'unicité de la référence dans le schème en vertu duquel nous formons
des pensées individuantes au sujet de particuliers. Il n'a nullement
été question d'une éventuelle primauté de certaines catégories de
particuliers relativement à d'autres catégories de particuliers au point
de vue de l'identification. Or un aspect essentiel de la thèse de
Strawson sur la référence singulière dans *Les individus* est qu'une
certaine catégorie, ou plutôt, une certaine sous-classe de la catégorie
générale des particuliers – les particuliers spatio-temporels *substan-*
tiels que sont les corps matériels et, dans une certaine mesure aussi, les
personnes en tant qu'elles possèdent un corps – bénéficient d'une
sorte de priorité ontologique au point de vue de l'identification. Ce

---

1. Voir, sur ce point, *I*, p. 35, 79-82.

2. *I*, p. 34.

3. La démonstration du lien nécessaire entre l'idée de réidentification et celle
d'espace dans notre schème conceptuel n'est entreprise qu'au deuxième chapitre *via*
l'exploration d'un schème fictif alternatif : celui d'un univers non-spatial purement
auditif. Cf. *I*, p. 65-96.

sont, de ce point de vue et de ce point de vue seulement, les particuliers *fondamentaux* de notre schème[1]. Il ne saurait être question ici de retracer toutes les étapes qui mènent à cette conclusion. Nous nous contenterons d'insister sur deux points importants du problème (sémantico-)ontologique.

Le premier concerne la position centrale occupée par les personnes dans notre schème conceptuel d'identification des particuliers; le second, celle occupée par la catégorie plus générale des corps matériels. Strawson propose deux arguments successifs en faveur du primat ontologique de cette dernière catégorie de particuliers : un argument général qui déduit la nature de ces particuliers de la nature spatio-temporelle du cadre utilisé pour opérer nos références identifiantes dans ce schème et un argument beaucoup plus spécifique issu de l'examen détaillé de certaines différences intra-catégoriales au sein même de la catégorie des particuliers[2]. C'est le deuxième argument qui nous occupera ici. Il repose de façon générale sur l'idée de dépendance d'une certaine catégorie de choses vis-à-vis d'une autre au point de vue de l'identification. Si certains types de particuliers peuvent être légitimement dits dépendre d'autres particuliers pour leur identification sans que ces derniers puissent être dits dépendre en retour des premiers, alors les seconds peuvent être dits plus *fondamentaux* que les premiers ou, ce qui revient au même, être les particuliers *de base* de notre schème conceptuel[3]. Deux sortes de particuliers sont ici spécialement intéressants : ceux que l'on peut regrouper sous la catégorie générale des expériences *privées* (comme les sensations corporelles, les données des sens et autres épisodes mentaux censés appartenir de façon exclusive et inaliénable à celui qui les « a ») et ceux que l'on peut regrouper sous la dénomination d'*événements* ou de *processus* publiquement observables non-

---

1. Strawson a qualifié rétrospectivement cette position d'*aristotélicienne* dans la mesure où Aristote défend lui-même l'idée d'un primat de la sous-catégorie des particuliers substantiels parmi les individus (au sens logique). *Cf.* sur ce point, « Individuals », p. 21-22 et 39.

2. Respectivement, *I*, p. 41-44 et 44-64.

3. Sur ce sens de « fondamental » ou « de base », cf. *I*, p. 65. Une autre manière de le dire serait de dire qu'ils sont « ontologiquement antérieurs » aux premiers (cf. *I*, p. 17-18).

nécessairement liés attributivement à des particuliers substantiels (par exemple, les éclairs et les détonations) [1]. Ces cas sont intéressants, soit parce qu'ils ont parfois été proposés comme candidats possibles au titre de particuliers fondamentaux (les expériences privées, dans la tradition de l'empirisme atomiste), soit parce qu'ils sont censés pouvoir illustrer l'idée d'une référence identifiante s'effectuant indépendamment de toute référence implicite à des types étrangers de particuliers (comme dans le deuxième cas). Ils le sont donc parce qu'ils constituent *prima facie* des contre-exemples potentiels à l'universalité de la thèse de la prééminence ontologique des particuliers *substantiels* spatio-temporels dans notre schème conceptuel effectif.

Une objection que l'on pourrait en effet soulever à l'encontre de l'idée que les expériences privées manifestent une dépendance plus ou moins directe à l'égard d'une autre classe de particuliers (à l'encontre de l'idée, donc, qu'ils ne seraient pas fondamentaux au sens de Strawson) est que nous sommes tout à fait capables d'identifier ce genre de particuliers directement par l'utilisation de démonstratifs sans avoir à mentionner dans l'énoncé correspondant la relation à un éventuel sujet « porteur » de ces expériences – à un particulier, donc, d'un autre type que celui auquel il est fait référence [2]. La réponse de Strawson à cette objection est que l'usage de la locution démonstrative contient dans ce cas précis une référence implicite à la personne particulière qui « fait » ou qui « a » l'expérience en question. La locution démonstrative « cette douleur » n'a la force identifiante qu'elle a (dans « cette douleur est terrible »), elle ne permet réellement d'identifier l'expérience privée *particulière* à laquelle elle réfère, que parce qu'elle est une forme abrégée (*shorthand*) de l'expression « la douleur que je ressens » – que parce qu'elle contient implicitement une référence identifiante à la personne particulière du locuteur [3]. C'est l'identité des personnes particulières qui « ont » ces expériences qui individue, selon Strawson, les particuliers privés auxquels il est fait

---

1. Sur l'idée de lien attributif entre particuliers (comme dans l'expression : « la mort *de* Socrate »), cf. *I*, p. 189-190, 191. L'expression « lien attributif » est de C. Wilson.

2. Par exemple, à l'aide d'un énoncé du type : « cette douleur est terrible » (cf. *I*, p. 45).

3. *I*, p. 46.

référence par la locution démonstrative. En ce sens et en ce sens seulement, les personnes qui « ont » ces expériences peuvent être dites plus fondamentales en tant que particuliers que les particuliers privés auxquelles elles réfèrent de façon identifiante dans notre schème conceptuel[1].

L'autre cas est beaucoup plus délicat, d'une part, parce que les particuliers en question appartiennent à une autre catégorie de particuliers que les particuliers non-substantiels liés attributivement à des particuliers substantiels spatio-temporels (comme la mort *de* Socrate ou la naissance *de* ma nièce)[2], d'autre part, parce que nous disposons de méthodes artificielles nous permettant de donner un sens à l'idée d'une identification indépendante de ce genre de particuliers. On peut imaginer par exemple que les éclairs et les détonations auxquels nous référons de façon identifiante en différentes occasions soient ordonnés en une série temporelle unique au sein de laquelle ils seraient identifiés comme les particuliers qu'ils sont en vertu de la position qu'ils occupent relativement aux autres membres de la série (chaque éclair et chaque détonation, en vertu du fait qu'il ou elle succède à, ou est antérieur(e) à, un autre membre de la série) et non en vertu d'une référence implicite à des particuliers d'un autre genre[3]. Ce genre de construction est assurément possible. Il correspond à un schème d'identification concevable. Mais il souffre nécessairement, comparativement à notre schème, de limitations pratiques en ce sens qu'il manque : 1) d'homogénéité en dehors de cas, relativement limités, d'homogénéité intra-typique (*i.e.* interne au type de particulier qui sert de base à la construction); 2) d'unicité, puisqu'il ne contient aucune référence implicite à l'identité de la personne du locuteur qui, seule, permet d'individuer le cadre de référence utilisé; 3) de caractère englobant (*comprehensiveness*). Par contraste, le cadre que nous utilisons ordinairement pour effectuer nos références identifiantes est un cadre homogène d'un genre de particulier à l'autre, unique (car individué par la personne même du locuteur), unifié et omni-englobant (car incluant l'ensemble des particuliers, y compris ceux qui ne sont

1. *I*, p. 45.
2. Pour la distinction, cf. *I*, p. 50.
3. Cf. *I*, p. 51-54 pour différents exemples de telles séries.

pas directement localisables dans l'espace et dans le temps) et commun ou publique (*i.e.* non-limité à la personne particulière qui effectue des références identifiantes)[1]. De ces caractéristiques du cadre, Strawson en déduit la nature des particuliers de base. Ceux-ci ne peuvent qu'être les corps matériels observables en général (au double sens de ce qui *est* un corps et de ce qui *a* un corps) parce que seul ce genre de particuliers est à même de garantir les caractéristiques précédemment énoncées sans dépendre pour cela d'autres genres de particuliers. Du fait même qu'il s'agisse de particuliers spatio-temporels *substantiels*, c'est-à-dire de particuliers relativement persistants dans le temps et occupant une certaine étendue dans l'espace, ils garantissent par eux-mêmes que le cadre utilisé soit toujours le *même* cadre (à travers ses différentes occasions d'usage) au double sens où ils en assurent la continuité temporelle et l'unité spatiale (en constituant un réseau relativement stable de relations spatiales)[2]. Les corps matériels et, parmi eux, les personnes sont bien en ce sens les particuliers fondamentaux de notre schème conceptuel.

LES INDIVIDUS, II : LES PARTICULIERS COMME INDIVIDUS PARADIGMATIQUES ET AUTRES CAS NON-PARADIGMATIQUES

Le problème logique, bien que lié au problème sémantique[3], représente pourtant un aspect différent du problème de l'individu en ceci qu'il s'agit de fournir une explication rationnelle, non plus de la position prééminente de certains particuliers dans notre schème conceptuel au regard de la fonction identifiante de certaines expressions (les expressions-sujets), mais de :

1) l'asymétrie entre sujet (individu) et prédicat comme asymétrie de positions au sein du schéma prédicatif de base ;

---

1. Cf. *I*, p. 58-60.
2. Sur ce point, cf. *I*, p. 59-62.
3. Cf. *I*, p. 177-178, 202-205 où le lien est explicitement fait entre le problème sémantique de la référence identifiante et le problème logique (et épistémologique) des conditions d'introduction des termes.

2) la position centrale ou prééminente des particuliers parmi les individus au sens logique;

3) la possibilité pour d'autres catégories de choses (les universaux) d'occuper la position de sujet logique ou d'objet de référence (= d'individu);

en termes qui ne soient pas simplement formels mais qui reflètent certains traits de notre pensée effective à propos du monde, c'est-à-dire en termes ontologiques ou métaphysiques.

Dans la seconde partie des *Individus*, Strawson s'efforce de résoudre le problème logico-ontologique de l'individu en apportant une réponse sur chacun de ces points.

Concernant (1), ce qui fonde, selon lui, la distinction formelle entre sujet (individu) et prédicat est la distinction ontologique catégoriale entre particuliers spatio-temporels et universaux entendue comme asymétrie entre principes de groupement (*principles of collection*).

Un particulier se définit certes *sémantiquement* par la position qu'il occupe dans le système spatio-temporel unique et unifié des corps physiques qui sert de cadre à nos pensées référentielles individuantes (*i.e.* discriminantes et réidentifiantes) au sujet de celui-ci [1]. Mais il se définit aussi *logiquement* comme l'instanciation (*instantiation*) ou l'exemplification (*exemplification*) d'un ou plusieurs universaux [2]. À ce titre, il peut être conçu comme un principe de groupement des universaux qu'il instancie ou exemplifie. Par exemple, des énoncés tels que « Socrate est sage », « Socrate a froid » et « Socrate a chaud » sont des énoncés qui, lorsqu'ils sont vrais, lient assertivement un même particulier (symbolisé par le nom propre « Socrate ») à plusieurs universaux caractérisants (symbolisés par les expressions prédicatives « est sage », « a froid », « a chaud »). En étant lié, à différents moments de l'énonciation, à différents universaux caractérisants

1. Voir, sur ce point, « Logical Individual and Spatio-Temporal Particular », p. 443; *Subject and Predicate in Logic and Grammar*, London, Methuen, 1974, p. 16-17.

2. La distinction entre deux types d'universaux (sortaux et caractérisants) à laquelle répond celle entre deux types de liens assertés entre universaux et particuliers (d'instanciation et de caractérisation ou d'exemplification) est faite dans *I*, p. 188-189, traduction modifiée.

qu'il exemplifie (lorsque ces énoncés sont vrais), le particulier *Socrate* fournit un principe de groupement ou de rassemblement de ceux-ci[1]. De même, un particulier symbolisé par le nom propre «Fido» fournit un principe de rassemblement de différents universaux sortaux symbolisés par les expressions prédicatives «est un chien», «est un animal», «est un chien terrier» lorsque ces énoncés sont vrais (*i.e.* lorsque ces différents concepts sortaux lui sont correctement appliqués)[2]. Un universel (sortal ou caractérisant) peut lui aussi être conçu comme un principe de groupement de différents particuliers qui l'instancient ou l'exemplifient. Par exemple, l'universel caractérisant *sagesse*, comme un principe de groupement de différents particuliers tels que *Socrate*, *Platon* et *Aristote* lorsqu'il s'y applique de telle sorte que les énoncés assertifs correspondants («Socrate est sage», «Platon est sage», «Aristote est sage») sont vrais[3].

Les (différents types de) particuliers comme les (différents types d')universaux peuvent donc être conçus comme des principes de groupement d'autres termes que ceux à la catégorie desquels ils appartiennent[4]. Mais, et c'est là le point important, il existe selon Strawson une différence de type ou de catégorie entre ces deux principes telle que l'un peut être dit hiérarchiquement supérieur (ou inférieur) à l'autre. Non seulement nous avons affaire dans les deux cas à des principes de rassemblement des termes «d'un genre tout à fait différent»[5] mais, qui plus est, à des principes entre lesquels existe un rapport hiérarchique asymétrique[6]. Dans *Les Individus*, Strawson insiste davantage sur les marques linguistiques de cette différence catégoriale – c'est-à-dire, sur la façon dont cette différence se manifeste à travers l'usage de certaines formes asymétriques d'expression du lien d'instanciation ou de caractérisation telles que «*x* est une occurrence

1. *I*, p. 190-191.
2. *I*, p. 190.
3. *I*, p. 191.
4. *I*, p. 187-188.
5. *I*, p. 190. *Cf.* aussi, p. 191 : «Mais ici aussi, le principe de rassemblement est différent pour chaque cas».
6. L'idée d'un rapport hiérarchique asymétrique entre principes de groupements fait l'objet d'une plus ample élaboration dans «Singular Terms and Predication», trad. fr. J. Milner dans *Études de logique et de linguistique*, p. 82-84.

de (*an instance of*) *y* » ou « *x* est caractérisé (*characterized*) par *y* –
que sur la nature de la différence entre les principes eux-mêmes[1].
Toujours est-il qu'il existe une différence catégoriale hiérarchique
entre ces principes et que c'est cette différence qui permet de rendre
compte ontologiquement de l'asymétrie formelle entre sujet et prédicat. Si l'on admet, en effet, qu'il existe une différence de type ou de
catégorie entre la façon dont un particulier rassemble soit différents
universaux, soit d'autres particuliers et la façon dont les différentes
types d'universaux (sortaux et caractérisants) rassemblent des particuliers, alors il suffit de poser conventionnellement que le sens
premier de « *y* est prédiqué de *x* » est donné par la forme asymétrique
d'expression du lien d'instanciation ou de caractérisation entre *x* et *y*
(« *x* est une occurrence de *y* » ou « *x* est caractérisé par *y* » dans
lesquelles *x* doit nécessairement être un particulier et *y* un universel)
pour obtenir au moins en partie l'asymétrie recherchée entre sujet et
prédicat. Si la relation d'instanciation ou de caractérisation entre *x* et *y*
est une relation à sens unique comme le suggère la forme asymétrique
d'expression, alors il s'ensuit que les universaux peuvent être
prédiqués des particuliers mais que les particuliers ne peuvent, en
revanche, être prédiqués des universaux[2].

Le deuxième point (2) concerne l'explication du statut des
particuliers comme individus paradigmatiques, c'est-à-dire comme
modèles mêmes de ce que l'on entend par « individu » au sens logique.
Un individu est, rappelons-le, tout ce qui peut occuper la position de
sujet logique (d'objet de référence) dans un jugement de la forme
sujet-prédicat. Une des conséquences de (1) est que les particuliers ne
sauraient occuper d'autre position que celle de sujet logique dans ce
type de jugement. Il ne peuvent jamais occuper la position prédicative,

1. Il arrive, certes, à Strawson de rendre compte de cette différence comme d'une
différence entre des principes de *nature* différente, dans le cas du lien de caractérisation.
Le principe de rassemblement fourni par le particulier est, dans ce cas, celui de l'identité
continue du particulier à travers l'espace et le temps tandis que celui fourni par l'universel
est un principe de rassemblement des particuliers *par ressemblance conceptuelle* (*I*,
p. 191). Mais on ne trouve aucune explication équivalente de cette différence dans le cas
du lien d'instanciation entre un particulier et un universel sortal, juste une marque
linguistique.

2. *I*, p. 192.

sauf s'ils sont absorbés dans, ou joints à, des universaux comme partie du prédicat[1]. Mais une chose est d'admettre cela comme un *fait logique* indiscutable, une autre de justifier son admission en tant que fait logique et ontologique. Ce qu'il nous faut trouver est, là encore, un critère de la prééminence logique et ontologique des particuliers parmi les individus, un critère qui ne soit pas simplement formel (grammatical) mais qui s'accorde avec lui en opérant la médiation entre ce critère et le critère catégorial précédemment expliqué. Tel est le rôle du *critère de complétude* proposé par Strawson dans la seconde partie de l'ouvrage. Ce critère n'est ni un critère logique, ni un critère ontologique (comme le critère catégorial), encore moins un critère grammatical. C'est un critère *épistémologique* lié à la connaissance qu'a (ou que n'a pas) le locuteur et, éventuellement aussi, l'interlocuteur des termes introduits au moyen des différentes sortes d'expression composant une prédication (l'expression-sujet et l'expression-prédicat[2]). Ce critère peut être formulé de la manière suivante : alors que l'introduction d'un particulier dans une proposition en position de sujet logique exige de la part du locuteur et de l'auditeur la connaissance d'un fait empirique qui suffise à l'identifier comme le particulier qu'il est, il n'existe pas de condition parallèle devant être satisfaite par un universel pour son introduction en position de prédicat[3].

Soit la proposition S : « Paris est une ville-musée » exemplifiant un schéma de phrase de style prédicatif (Fx) et dans lequel figure un nom propre référant au particulier *Paris*. S ne peut être dite « introduire » le particulier *Paris* en position de sujet logique que si le locuteur connaît au moins une proposition empirique vraie (et l'auditeur, au moins une proposition empirique vraie mais pas nécessairement la même) telle qu'il n'y ait qu'un seul particulier satisfaisant la condition descriptive impliquée (*implied*) par l'usage du nom propre au sein de S, par

---

1. Typiquement, dans des jugements du type : « Marie est mariée à Jean », à condition d'analyser « est mariée à Jean » comme une expression prédicative complexe introduisant un universel (le mariage) et un particulier (Jean).

2. Nous laissons délibérément de côté le cas de la copule comme partie non-représentationnelle de l'expression-prédicat. *Cf.* sur ce point, P.F. Strawson, « Concepts and Properties or Predication and Copulation », *The Philosophical Quarterly*, vol. 37, n° 149, 1987, p. 402-406.

3. *I*, p. 206.

exemple la proposition selon laquelle « il existe une ville qui est la capitale de France ». Seule la connaissance de ce *fait* garantit que le particulier auquel il est fait référence dans *S* au moyen du nom propre soit *le* particulier auquel réfère le locuteur en énonçant *S* et non un autre particulier répondant à la même condition descriptive (par exemple, *Paris, Texas*)[1]. Par contraste, il n'est nullement nécessaire que le locuteur (et l'auditeur) connaisse(nt) la vérité d'une proposition empirique générale telle que « quelque chose est une ville-musée » pour que l'expression prédicative « est une ville-musée » puisse être dite « introduire » l'universel (sortal) correspondant, pour faire savoir à l'auditeur de *quel* universel il veut parler. Le seul « fait » qui soit requis pour cela est de connaître le *sens* ou la *signification* de l'expression utilisée pour introduire l'universel en question[2]. Mais ce « fait » n'en est pas réellement un et la proposition correspondante, une véritable proposition empirique. Elle n'établit aucun fait significatif à propos du monde puisque l'on peut tout aussi bien savoir de quel universel il s'agit en sachant que rien ne l'instancie[3].

Ce contraste entre des expressions factivement chargées (*carrying a weight of fact*) car présupposant de la part du locuteur et de l'auditeur la connaissance de la vérité de quelque proposition empirique discri-minant suffisamment le particulier dont il s'agit (les expressions introduisant des particuliers) et des expressions factivement non-chargées car ne présupposant aucune connaissance de ce genre (les expressions introduisant des universaux) permet de formuler un nouveau critère épistémologique opérant la médiation entre le critère formel (fondé sur la différence des styles grammaticaux d'introduction des termes par ces expressions) et le critère catégorial (fondé sur la différence ontologique entre principes de groupement des termes) : celui de la relative *complétude* des expressions-sujets introduisant des

---

1. Cf. *I*, p. 203-205. L'exemple est le nôtre.

2. *I*, p. 206-208 ; « Individuals », p. 38.

3. Savoir, par exemple, que *quelque chose* est rouge ou au contraire que *rien* n'est rouge ne nous apprend rien sur l'identité singulière de l'universel-rouge en tant qu'universel distinct d'autres universels du même genre (les universaux-qualités) puisque la proposition en question (« quelque x est F ou aucun x n'est F ») est une tautologie. Voir, sur ce point, *I*, p. 206-207.

particuliers dans des propositions[1]. Ces expressions sont en un sens incomplètes, au même titre d'ailleurs que les expressions-prédicats, puisqu'elles ne peuvent suffire à elles seules à former un énoncé susceptible d'une valeur de vérité. Pour former un énoncé pourvu de conditions de vérité, elles doivent nécessairement être complétées par une expression-prédicat qui véhicule grammaticalement le lien assertif ou propositionnel. Mais elles sont en un sens complètes ou autonomes (*complete, self-sufficient*) puisque, à la différence des expressions-prédicats, elles n'ont pas besoin de celles-ci pour donner à la proposition qu'elles contribuent à former son poids factif ou empirique. Dans la mesure où l'introduction de leur terme (l'*individu particulier* visé par le locuteur en pensée et éventuellement saisi par le locuteur) requiert de la part des différents interlocuteurs certaines connaissances factives suffisamment discriminantes à propos de celui-ci, ces expressions suffisent à elles seules à conférer à la proposition qu'elles contribuent à former le statut d'une proposition empirique[2].

Les particuliers ont donc ontologiquement aussi bien qu'épistémologiquement le statut d'individus paradigmatiques parce qu'ils constituent le modèle même d'une pensée en un sens complète comme l'est la pensée du particulier comme objet de référence (sujet logique) et en un sens aussi incomplète comme l'est toute pensée se limitant à la fonction de référer à un individu particulier[3].

Mais dire cela ne signifie pas pour autant nier la possibilité pour d'autres sortes de choses (les universaux) de figurer également en position d'individu dans une phrase du type prédicatif. Affirmer que les particuliers sont les paradigmes mêmes des objets de référence (des sujets logiques) dans notre schème conceptuel ne revient pas à

1. Cf. *I*, p. 209-213.

2. N'oublions pas que la conjonction d'une tautologie et d'une proposition empirique est équivalente à une proposition empirique (A ∧ 1 ⇔ A, où « A » est mis pour une proposition empirique et « 1 » pour une tautologie. Élément neutre dans l'algèbre booléenne).

3. Cf. *I*, p. 238-239. Faute de place, nous laissons ici de côté le problème de l'introduction des sortes de particuliers dans le discours en général et celui, corrélatif, de la complexité logique de la notion de particulier. Sur ce point, cf. *I*, chap. VI, II, chap. VII, p. 222-252.

affirmer qu'eux seuls peuvent prétendre à ce statut. Ce serait aller à l'encontre d'un fait linguistique et sémantique incontestable qui est que nous avons la possibilité de former (et formons d'ailleurs réguliè-rement) des énoncés de style prédicatif dans lesquels nous référons de façon discriminante à un ou plusieurs universaux en position de sujet(s) logique(s) en prédiquant de ceux-ci certaines choses générales (certaines caractéristiques ou certains concepts sortaux). C'est le cas, par exemple, lorsque nous affirmons que « la générosité est une vertu plus aimable que la prudence » ou que « la beauté [*prettiness*] est une qualité désirable chez une petite amie [*in a date*] »[1]. Pourtant, si nous retenions comme critère exclusif de la possibilité de figurer en position de sujet logique dans une prédication le critère de complétude précédemment proposé, nous ne devrions pouvoir dire en toute rigueur que nous référons dans ces deux énoncés de façon discrimin-nante à des universaux (que les universaux en question *sont* des indi-vidus au sens logique) puisque aucune complétude du genre de celle qui est requise pour l'introduction des particuliers n'est requise pour l'introduction des universaux. Comment résoudre ce problème ? Comment admettre, en d'autres termes, que d'autres catégories que les particuliers puissent figurer en position de sujet logique (comme nos deux exemples semblent le suggérer) sans pour autant remettre en cause la prééminence des particuliers comme individus paradigmatiques dans notre schème conceptuel ?

La solution du problème se trouve, selon Strawson, dans la possibilité d'une extension analogique des liens (non-relationnels) d'instanciation et/ou de caractérisation entre particuliers et univer-saux (eux-mêmes conçus comme principes de groupement catégo-rialement distincts et hiérarchiquement ordonnés) aux liens (non-relationnels) entre universaux[2]. L'idée est, en gros, la suivante – elle s'appuie sur le critère catégorial de distinction mentionné dans notre

---

1. Ces deux exemples sont de Strawson. Respectivement, *I*, p. 211 et « Singular Terms and Predication », p. 81-82. Notons qu'il n'existe pas en français de substantif correspondant à l'adjectif (ou attribut) « jolie » comme équivalent strict de l'anglais « *prettiness* ».

2. Les textes de référence sur ce point sont : *I*, p. 193, 211-212 ; « Singular Terms and Predication », p. 83 ; « Individuals », p. 23-24.

explication du point (1) : de même que les universaux (comme les genres et les propriétés) peuvent être conçus comme des principes de groupement de particuliers avec lesquels ils entretiennent des liens non-relationnels d'instanciation ou de caractérisation, de même ces universaux peuvent être conçus comme étant liés par des liens non-relationnels d'instanciation ou de caractérisation à d'autres universaux eux-mêmes conçus comme principes supérieurs de groupement des premiers. Ainsi, pour reprendre notre premier exemple, la générosité et la prudence peuvent être conçues comme des universaux figurant en position de sujets logiques (d'individus) parce qu'elles peuvent être conçues, par analogie avec le lien non-relationnel d'instanciation entre la générosité ou la prudence et une occurrence particulière (*instance*) de l'une ou de l'autre vertu, comme des occurrences (*instances*) du concept sortal de vertu et aussi comme des exemplifications de l'universel de propriété introduit par l'expression « est (plus) aimable (que) ». On le voit, la possibilité des cas non-paradigmatiques d'occupation de la position de sujet logique (d'individu) par un universel repose sur la possibilité d'une généralisation des liens d'instanciation et de caractérisation au-delà du cas fondamental de liaison assertive entre un particulier spatio-temporel et un universel[1]. Mais cette généralisation n'est elle-même possible que si l'association fondamentale entre individu et particulier spatio-temporel, d'un côté, prédicat et universel, de l'autre, est d'abord établie sur la base du critère de complétude proposé plus haut pour l'introduction des particuliers en position de sujets logiques[2]. Les cas non-paradigmatiques de prédication ne sont eux-mêmes concevables ou admissibles que si le cas paradigmatique est déjà en place, que si la base du rapport hiérarchique de subordination entre principes de groupement est elle-même assurée.

Ludovic SOUTIF
Université de São Paulo (USP)/FAPESP

---

1. « Individuals », p. 23-24.
2. *I*, p. 212.

LA QUERELLE DE L'INDIVIDUALISME :
RAWLS ET LES COMMUNAUTARIENS

Avec le débat entre libéraux et communautariens, on voudrait que se prolongeât la querelle de l'individualisme qui opposait les Lumières aux penseurs romantiques, les uns déliant l'individu de tout attachement communautaire et contestant les traditions au nom de l'autonomie de la raison, les autres assumant l'enracinement social de l'individu et cherchant à renouer les fils de la tradition et de la communauté, rompus par les premiers. Comprendre ainsi la récente opposition entre libéraux et communautariens sur l'individu serait simple et commode, à défaut d'être original, si ce n'était erroné.

Selon les auteurs communautariens – en particulier Michael Sandel, Alasdair McIntyre et Charles Taylor – le libéralisme politique de John Rawls[1] promeut une conception individualiste de la justice qui reposerait sur une vision atomiste de la société. Les prémisses individualistes de la théorie de la justice contamineraient ainsi nécessairement les conclusions du raisonnement en faveur de la justice et favoriseraient une organisation individualiste de la société. En outre, la naïveté sociologique du libéralisme politique conduirait au paradoxe de « l'individualisme inauthentique ». En effet, en privilégiant une conception abstraite de l'individu libre séparé de, et antérieur à la société, le libéralisme politique mettrait en œuvre une théorie inconsistante ontologiquement et moralement : tout d'abord,

1. Il faut souligner le fait que les critiques des philosophes communautariens sont principalement, sinon exclusivement, dirigées contre l'œuvre de J. Rawls, comme en témoigne l'ouvrage de M. Sandel, *Le libéralisme et les limites de la justice*, trad. fr. J.-F. Spitz, Paris, Seuil, 1999.

les individus seraient conçus de manière tellement abstraite qu'ils seraient tout à fait indiscernables, dépourvus d'individualité et privés d'identité propre; ensuite, n'ayant aucune épaisseur sociale, ils seraient incapables d'exercer authentiquement leur liberté et d'accomplir des choix signifiants qui pussent exprimer leur identité. Dans les deux cas, l'individualisme est l'ennemi de l'individualité. C'est cette critique de fond que nous souhaitons discuter dans cette contribution.

Le libéralisme politique se situe dans la tradition du contractualisme moderne, qui a inscrit au cœur de son projet de fondation des normes politiques l'individu doué de rationalité cherchant à protéger ses intérêts légitimes. On peut en situer l'émergence dans le moment hobbesien doublement marqué par un retour aux éléments qui constituent le corps politique et par l'invention du contrat social qui associe ces éléments fondamentaux en une République. En effet, dans la préface du *De Cive*, Hobbes soutient que pour connaître une chose composée, il convient de procéder à son analyse afin d'en considérer les constituants[1] : veut-on connaître le corps politique et les lois qui doivent le gouverner, qu'on commence par « dissoudre » ce corps par un acte de pensée, ou plutôt le résoudre en ses éléments ultimes, les individus rationnels, pour les laisser apparaître dans la nudité de l'état de nature. Puis, prenant les individus comme matériau brut, il sera alors possible de reconstituer, par un procédé synthétique – le contrat – la République et d'en déduire les lois qui doivent la gouverner.

Cependant, dans l'état de nature, on remarque que les individus poursuivent des buts privés tels la sécurité, la richesse et la jouissance des biens qui satisfont leurs appétits, et qu'en s'associant, ils ne transforment nullement ces buts en finalités collectives, mais cherchent seulement à s'assurer la possibilité de les atteindre. Dès lors, les institutions politiques qu'ils établissent de manière contractuelle, sont fondamentalement de simples instruments en vue de leur jouissance, leur sécurité et leur propriété privées. Aussi l'État issu du contractualisme hobbesien est-il marqué par un « individualisme atomiste » : la matière première est atomique (les individus), et le composé qui

---

1. *Cf.* Hobbes, *Le citoyen*, Paris, Flammarion, 1982, p. 71-72; cf. aussi l'introduction du *Léviathan*, trad. fr. F. Tricaud, Paris, Sirey, 1971, p. 5-7.

résulte du contrat (la République) n'est qu'un amas d'atomes simplement agrégés par la force de l'intérêt privé, et dont la cohésion est
maintenue par le pouvoir contraignant du souverain.

Quelle que soit la justesse de cette interprétation du contrat
hobbesien, il faut admettre qu'elle s'est imposée en philosophie politique, renforcée notamment par la critique hégélienne du contractualisme[1] : selon Hegel, la forme d'association politique issue du contrat
hobbesien est purement agrégative, dépouillée de toute dimension
proprement publique. Et parce qu'elle s'appuie sur les volontés
particulières d'individus abstraits qui poursuivent leurs intérêts, la
méthode contractualiste finit par faire de l'État un instrument de la
société civile qui se développe comme simple système de besoins[2].

Rawls, en tentant de « porter à un plus haut degré d'abstraction la
théorie traditionnelle du contrat social »[3], s'expose aussi à la critique
hégélienne : la théorie de la justice fait porter aux individus tout le
poids de la justification subjective des principes de justice qui gouvernent l'État, mais en outre elle met en scène des individus conçus
comme des hyper-abstractions privées de toute identité propre et mues
par le seul désir de promouvoir leurs intérêts. C'est le sens même de la
critique des philosophes communautariens, tel Charles Taylor, qui
revendiquent l'héritage de Hegel. À les lire, on devrait conclure que
la théorie politique est réduite à l'alternative suivante : faire des
individus des modes de la substance sociale qui leur préexiste et les
enveloppe ; ou les concevoir comme des sortes de démiurges, créant la
société selon leur volonté afin de poursuivre leurs intérêts privés.

Nous allons tenter de désamorcer cette querelle de l'individualisme en montrant que la conception libérale ne s'oppose pas à l'idée
que les individus soient définis par leur appartenance communautaire
et que les principes de justice aient pour fin de protéger ce contexte

---

1. J. Terrel souligne le fait que chez Hobbes les formes de socialité ne dérivent pas du
contrat ; la dissolution de la société civile n'est qu'un acte de pensée et il ne s'agit donc
pas de composer les phénomènes sociaux à partir des individus séparés. *Cf.* J. Terrel, *Les
théories du pacte social*, Paris, Seuil, 2001, p. 136-143.

2. Hegel (1821), *Principes de la philosophie du droit*, trad. fr. J.-F. Kervégan, Paris,
PUF, 1998, § 258, remarque, p. 313-317.

3. J. Rawls, *Théorie de la justice* [= *TJ*], trad. fr. C. Audard, Paris, Seuil, 1987, p. 20.

d'identité. Après avoir présenté la notion d'individu que le contractualisme rawlsien met en œuvre, nous répondrons à l'objection de l'indiscernabilité des individus dans la fiction du contrat. Puis nous exposerons la critique communautarienne selon laquelle la théorie de la justice libérale, reposant sur des prémisses individualistes, promeut des principes politiques qui sapent les fondements de la vie communautaire et dissolvent les liens intersubjectifs. Pourtant, comme nous le soutiendrons dans un dernier moment, le libéralisme politique ne cherche pas à séparer les individus du contexte social qui dessine les contours de leur individualité; il s'efforce seulement de définir les principes qui rendent possible l'épanouissement de leur individualité dans ce contexte. Il considère en outre que la liberté individuelle n'a pas de sens hors de la vie communautaire, celle de l'État, des institutions et des associations privées de la société civile, mais que l'appartenance communautaire ne saurait non plus brider la liberté qu'ont les individus de façonner leur plan de vie et de réviser leur conception du bien et leurs croyances. L'individu ne saurait donc être compris comme un mode de la substance sociale, ni comme un démiurge.

L'INDIVIDU ABSTRAIT ET LE CONTRAT

La manière dont on pose le problème de la justice détermine la conception de l'individu que l'on doit privilégier, et cette conception de l'individu détermine à son tour les principes de justice que l'on doit choisir. La conception de l'individu et de son identité et la conception de la justice sont donc les deux faces d'une même pièce[1]. Si la conception de l'individu s'avère inconsistante, la conception de la justice correspondante se trouve elle-même fragilisée. Il convient donc de commencer par décrire la conception de l'individu qui est impliquée par la conception libérale de la justice.

Dans la théorie de la justice comme équité, le recours à la justice est rendu nécessaire par le conflit des intérêts et des revendications des individus au sujet de la répartition des biens et des ressources. Le

---

1. M. Sandel, *Le libéralisme ...*, *op. cit.*, p. 84.

conflit apparaît dans certaines conditions que Rawls appelle, à la suite de Hume [1], les « circonstances de la justice », et qui rendent « à la fois possible et nécessaire la coopération humaine » [2]. On distinguera alors les circonstances objectives qui renvoient aux conditions extérieures du conflit et de la coopération entre les individus, et les circonstances subjectives qui spécifient leurs dispositions et leurs motivations. Du point de vue objectif, on conçoit que les individus vivent sur un territoire délimité, et disposent de ressources qui ne sont pas abondantes ; il s'agit de la condition de rareté relative. Les individus sont donc amenés à se côtoyer et doivent coopérer pour tirer profit des ressources disponibles. Du point de vue subjectif, on considère que les individus ont des besoins et intérêts semblables et complémentaires ; ils ont aussi des capacités intellectuelles bornées, ce qui les conduit à développer des conceptions philosophiques, morales et religieuses, variées. Ils poursuivent alors des objectifs personnels qui peuvent entrer en conflit, ont des projets de vie différents, et désirent avoir la plus grande part de biens pour réaliser leur plan de vie conformément à leur conception du bien. Aussi y-t-il à la fois identité d'intérêts et conflit d'intérêts ; c'est une réactualisation du thème kantien de l'insociable sociabilité, dont Rawls évacue cependant toute la dimension téléologique. Pour arbitrer le conflit et maintenir les conditions de la sociabilité, il est nécessaire de mettre en œuvre des principes de justice qui règlent la répartition des ressources et des fruits de la coopération entre les individus.

La justification rawlsienne des principes de justice repose sur deux méthodes bien distinctes mais complémentaires : le contrat et l'équilibre réfléchi. Par équilibre réfléchi, il faut comprendre la méthode cohérentiste qui permet de faire coïncider nos jugements éthiques fondamentaux sur le juste – ce que Rawls appelle « les jugements bien

---

1. Hume, *La morale, Traité de la nature humaine*, livre III, trad. fr. Ph. Saltel, Paris, Flammarion, 1993, p. 84-103. Hume distinguait « les particularités de la nature humaine » (*circumstances of human nature*) et les « les circonstances extérieures » (*outward circumstances*) qui forment ensemble les conditions dans lesquelles le recours à la justice s'impose : « C'est uniquement de l'égoïsme de l'homme et de sa générosité limitée, ajoutés à la parcimonie de la nature quand elle a pourvu à ses besoins, que la justice tire son origine » (*ibid.*, p. 96).

2. Rawls, *TJ*, § 22, p. 159.

pesés », comme le refus de l'intolérance religieuse et de l'esclavage – et les principes de justice qui résultent de la délibération. Pour y parvenir, il peut être nécessaire de réviser les jugements bien pesés ou les principes, afin de les ajuster réciproquement. Cependant, outre le caractère circulaire de cette méthode, on remarquera qu'elle permet seulement de présenter les principes dans une forme cohérente et non d'en fournir une justification complète. C'est pourquoi il convient d'intégrer, au sein du processus d'équilibre réfléchi, un autre mécanisme de justification des principes : le contrat. Le contrat permet alors de justifier les principes qu'il faut mettre en équilibre avec nos jugements bien pesés sur la justice [1].

La position originelle, qui est le nom du *locus contractus* de la théorie rawlsienne de la justice, est l'équivalent de l'état de nature dans les théories classiques du pacte social. Il s'agit d'une situation initiale d'égalité qui garantit l'équité de la délibération sur les principes de justice. Cette situation initiale est tout à fait fictive, hypothétique, et n'implique absolument pas que les individus vivent ou aient pu vivre à un moment donné de leur histoire hors de la société. La société préexiste au contrat, et le contrat définit seulement les principes qui doivent gouverner la structure de base d'une société bien ordonnée. De manière analytique, il convient donc de considérer la position originelle comme représentant l'ensemble des prémisses du raisonnement en faveur des principes de justice. Les circonstances de la justice, qui s'appliquent à la position originelle, constituent une partie de ces prémisses. Si les circonstances objectives ne sont pas modifiées, il convient en revanche d'affiner les caractéristiques subjectives des individus.

Dans la position originelle, les individus sont strictement rationnels, au sens de la rationalité instrumentale privilégiée par la théorie du choix social : ils ont des préférences cohérentes, ordonnées selon une conception du bien, et sont capables de réviser leur conception du bien en fonction de leur situation et de leurs opportunités [2]. Cette dernière caractéristique est celle qui permet de distinguer

---

1. Voir le commentaire critique de P. Ricœur dans « Le cercle de la démonstration », dans *Lectures 1*, Paris, Seuil, 1991.

2. Rawls, *TJ*, § 15, p. 124.

l'individu libéral de toute autre figure de l'individu. En outre, ils ont la faculté de hiérarchiser les options qui leur sont proposées afin de satisfaire leurs préférences et réaliser leur système de fins. Il faut ajouter que les individus ne manifestent pas de passions particulières, ni liens affectifs avec autrui ; ils ne connaissent ni la sympathie, ni l'égoïsme, ni l'envie [1]. Ils sont « mutuellement désintéressés » (*mutually desinterested*), en ce sens « qu'on se les représente comme ne s'intéressant pas aux intérêts des autres » [2]. Ils ne comparent pas leur sort à celui d'autrui et ne tirent aucune satisfaction à voir les autres dans une situation plus défavorable que la leur. Ils ne formulent pas non plus de revendications simplement parce qu'autrui a plus de biens, mais uniquement s'ils considèrent qu'ils ne disposent pas des biens nécessaires à la réalisation de leur système de fins. Seule la préservation de leurs intérêts fondamentaux les préoccupe.

En s'écartant ainsi de la théorie des sentiments moraux d'Adam Smith ou de David Hume, Rawls renoue étrangement avec la théorie rousseauiste de l'amour de soi, passion antérieure aux passions sociales qui n'implique ni l'égoïsme ni l'envie ; ces dernières se développent dans la vie sociale comme les effets de l'amour-propre. L'inspiration rousseauiste est manifeste dans ce passage de *Théorie de la justice* : « Ils n'essaient pas non plus de dépasser les autres, ils ne sont ni envieux ni vaniteux » [3]. L'intérêt de soi et le désintérêt mutuel constitueraient finalement les formes d'un sentiment moral partagé par l'ensemble des individus contractants dans la position originelle.

Enfin, les individus sont certes rationnels et mutuellement désintéressés, mais pour pouvoir conclure un accord, il faut qu'ils aient de bonnes raisons de penser qu'il sera respecté. Contrairement aux néo-hobbesiens, comme David Gauthier, qui font dériver le respect de l'accord des dispositions strictement rationnelles des individus, lesquels devraient comprendre qu'ils n'ont aucun intérêt à faire cavalier seul, il faut considérer que les individus dans la position originelle sont capables d'être raisonnables et non seulement rationnels. Les

---

1. Voir la discussion de cette caractéristique des individus par J.-P. Dupuy dans *Le sacrifice et l'envie*, Paris, Calmann-Lévy, 1992.
2. Rawls, *TJ*, § 3, p. 40.
3. *Ibid.*, § 25, p. 176.

dispositions rationnelles des individus sont nécessaires pour qu'ils puissent réaliser un accord sur la justice, mais elles ne sont pas suffisantes pour contenir leur tendance secrète à s'en excepter[1]. Aussi les individus doivent-ils être capables d'un sens de la justice, qui les porte à respecter les termes du contrat; autrement dit, les individus ne doivent pas s'engager à la légère, pensant pouvoir être déliés à tout moment de leurs obligations, et doivent reconnaître ainsi les « liens de l'engagement »[2].

La position originelle possède une dernière caractéristique qui précise la conception de l'individu requise par la procédure contractualiste : il faut imaginer la position originelle recouverte d'un voile d'ignorance qui filtre certaines informations, plus précisément toutes les informations particulières relatives à l'identité des individus et à leur inscription dans une société déterminée. En effet, pour que leur raisonnement ne soit pas contaminé ni biaisé par des préjugés ou des intérêts trop particuliers, il faut que les individus ignorent certaines informations. Cela permet de neutraliser les contingences qui pourraient être utilisées en vue d'un avantage personnel dans un marchandage[3]. Ainsi, les individus ignorent leur conception du bien, leur projet de vie, leurs caractères et leurs tendances psychologiques. Ils ignorent aussi la génération à laquelle ils appartiennent, leur âge, leur sexe et toutes les autres informations qui entrent dans la définition de leur identité personnelle. On doit ajouter qu'ils ignorent les phénomènes sociaux comme les courants religieux ou philosophiques, ainsi que l'état des ressources naturelles et autres informations semblables.

En revanche, les individus ont accès à deux types d'information : toutes les informations générales ainsi que la théorie des biens premiers. Ils savent ainsi qu'ils ont une conception du bien, mais ignorent laquelle ; ils connaissent aussi les lois et les théories générales sur

---

1. Il conviendrait de mettre en rapport l'analyse rawlsienne du contrat avec le traitement kantien du problème de l'établissement d'une constitution républicaine pour un « peuple de démons » ; ces démons pourvus d'un entendement ressemblent davantage aux individus de la théorie néo-hobbesienne qu'à ceux de la théorie rawlsienne de la justice. *Cf.* Kant, *Projet de paix perpétuelle* (Premier supplément), trad. fr. J. Gibelin, Paris, Vrin, 1992, p. 44-45.

2. Rawls, *TJ*, p. 177.

3. *Ibid.*, p. 168.

la psychologie humaine et le fonctionnement de la société. Le deuxième type d'information concerne les biens premiers qui font l'objet de la répartition. En effet, l'accord sur la justice porte sur les principes de répartition des biens premiers dont tout individu soucieux de promouvoir ses intérêts afin d'accomplir son projet de vie selon sa conception du bien, désirent rationnellement disposer. La liste des biens premiers comprend les biens naturels comme la santé, et les biens sociaux comme les revenus, les richesses, mais aussi les libertés, les droits et les opportunités[1]. Sans ces informations sur l'objet de la répartition, aucun raisonnement en faveur des principes de justice n'est possible.

Les individus sont donc privés de certaines informations jugées non pertinentes mais ils disposent des informations nécessaires et suffisantes pour procéder au contrat sur les principes de justice. S'il est inutile de décrire précisément la procédure contractualiste, il faut néanmoins rappeler qu'elle articule deux étapes distinctes : tout d'abord, le choix des principes présentés dans une liste des conceptions de la justice possibles, sur laquelle figurent principalement les conceptions utilitaristes et la conception rawlsienne de la justice ; ensuite, le moment proprement contractualiste, c'est-à-dire celui de l'accord unanime sur les principes choisis. C'est dans l'espace étroit qui sépare ces deux étapes que les adversaires de Rawls vont insérer un premier coin de la critique, afin de remettre en cause la conception de l'individu privilégiée par la théorie libérale.

L'INDISCERNABILITÉ DES INDIVIDUS

La conception de l'individu mise en œuvre par la théorie de la justice ne manquera pas de paraître très abstraite, et à coup sûr bien pauvre : les individus sont rationnels, mais n'ont pas de passions, ni de liens affectifs, et ignorent toutes les informations relatives à leur identité personnelle ; ils ne peuvent donc pas se distinguer les uns des

---

1. *Cf.* V. Munoz-Dardé, *La justice sociale*, Paris, Nathan, 2000, p. 74-77 ; S. Chauvier, « Biens premiers et besoins fondamentaux », dans C. Audard (dir.), *John Rawls, Politique et métaphysique*, Paris, PUF, 2004, p. 63-94.

autres. Le problème est que ces individus sont conçus de manière tellement abstraite qu'ils en perdent leur individualité : comment pourrait-on se figurer qu'il y ait une pluralité d'individus contractants, puisqu'ils n'ont aucune des caractéristiques par lesquelles on pourrait les distinguer?

Selon Sandel, Rawls ne peut échapper au dilemme suivant : sans le voile d'ignorance, la délibération dans la position originelle est sujette à toutes sortes de préjugés, passions, rapports de force, qui sont en contradiction avec les conditions d'un contrat libre; mais, avec le voile d'ignorance, on perd la condition de pluralité des individus et de leurs intérêts et, par conséquent, il n'y a ni délibération commune ni contrat possibles : « lorsque le voile d'ignorance descend, cette pluralité s'évanouit » [1]. De fait, sous le voile d'ignorance, les individus ne possèdent plus aucune caractéristique propre qui les distinguerait, ce sont des hyper-abstractions qui sont en tout point identiques. En dissimulant ainsi les différences, Rawls pousserait l'indistinction des individus jusqu'à leur indiscernabilité. W.V. Quine, sur lequel s'appuie Sandel (et Hampton), avait formulé la maxime de l'identité des indiscernables de la manière suivante :

> Les objets qu'on ne peut distinguer entre eux dans les termes d'un discours donné, doivent être réputés comme identiques pour ce discours [2].

Par conséquent, puisque les individus sont identiques en toutes leurs caractéristiques, ils sont indiscernables dans la description rawlsienne de la position originelle, en tant que discours, et nous devons alors reconnaître qu'il n'y a qu'un seul et même individu.

Il semble même que ce soit une conséquence recherchée par Rawls, puisqu'il considère qu'en situant les individus dans la même

---

1. M. Sandel, *Le libéralisme ...*, *op. cit.*, p. 197. Sandel est précédé par l'article de J. Hampton, « Contracts and Choices : Does Rawls Have a Social Contract Theory? », *Journal of Philosophy* 77, 1980, et nous complétons ici la critique de Sandel par l'analyse de Hampton.

2. W.V. Quine, *From a Logical Point of View*, Cambridge, Harvard UP, 1953, p. 65-79, trad. fr. C. Alsaleh, « Identité, ostension et hypostase », dans W.V. Quine, *Du point de vue logique*, S. Lapointe (éd.), Paris, Vrin, 2003, p. 112.

position réflexive, tous développeront le même raisonnement et que cela rendra possible l'accord sur les principes de la justice :

> C'est pourquoi nous pouvons comprendre l'accord conclu dans la position originelle à partir du point de vue d'une personne choisie au hasard. Si quelqu'un, après mûre réflexion préfère une conception de la justice à une autre, tous la préféreront et on parviendra à un accord unanime [1].

Le voile d'ignorance permet de conduire les contractants à élaborer un résultat unique qui n'est pas sujet à controverse dans les conditions de délibération spécifiées; ce résultat unique fait alors l'objet d'un « accord unanime ». Mais pourquoi maintenir la référence à un accord puisque, étant identiques, les individus font tous le même raisonnement? Pourquoi ne pas assumer clairement le fait que l'argumentation d'un seul individu suffit à la justification des principes rawlsiens de la justice et que l'on n'a finalement affaire qu'à un seul individu réfléchissant à la justice dans la position originelle, sorte d'opérateur logique désincarné? On maintiendrait ainsi la première étape de la justification rawlsienne, à savoir le raisonnement qui permet de choisir des principes de justice, mais on ferait l'économie de la seconde étape, celle de l'accord, inutile et de toute façon irréalisable en l'absence d'une pluralité d'individus.

L'objection de Sandel paraît décisive car il semble évident que les individus dans la position originelle possèdent les mêmes prédicats et sont donc substituables l'un à l'autre *salva veritate* : il n'y a donc pas de pluralité dans la position originelle, les individus sont interchangeables, ou plutôt indiscernables, de sorte que l'on peut prendre le point de vue d'un individu isolé, en faisant abstraction de toute référence à d'autres individus. Or tel n'est pas le cas.

On pose traditionnellement que les individus sont indiscernables si leur notion contient le même ensemble de prédicats [2], ce que l'on note : $\forall x \forall y (\forall P(Px = Py) \leftrightarrow (x = y))$. Pour toute paire d'individus x et y, si tous les prédicats de x se trouve dans y et inversement (principe de

---

1. Rawls, *TJ*, § 24, p. 171.

2. *Cf.* G.W. Leibniz, *Nouveaux essais sur l'entendement humain*, Paris, Flammarion, 1990, livre II, XVII, p. 179.

coïncidence), alors x et y sont identiques et indiscernables. Mais si deux entités existantes, concrètes et non abstraites, sont distinctes par le lieu et le temps, elles ne sont pas parfaitement identiques. Nous savons que la distinction par le lieu et le temps n'est pas déterminante par elle-même, mais uniquement parce qu'elle manifeste une différence conceptuelle entre les deux entités, c'est-à-dire du point de vue de leur notion complète selon l'analyse de Leibniz. On pourrait en tirer argument pour soutenir que dans l'espace imaginaire du *locus contractus* nous n'avons pas affaire à des êtres concrets, distincts selon leur notion (complète) respective, ou simplement séparés par le lieu et le temps, mais à des êtres de langage qui, étant en tout point identiques, doivent être traités comme un seul individu. Or il faut considérer que même dans l'ordre du discours, les individus contractants doivent être distingués par la volonté, ce qui en fait des entités réellement distinctes dans le monde possible de la position originelle.

En effet, comme nous l'avons souligné, le premier fait qui rend pertinente la justice est le conflit des intérêts et des volontés [1]. Naturellement, les individus désirent la même chose, et donc en un sens leurs intérêts sont identiques; mais c'est précisément parce qu'ils désirent la même chose que les individus s'opposent sur les termes de la répartition des biens et des ressources, dont ils désirent avoir la plus grande part. Abstraitement, cette volonté et ces intérêts sont identiques, mais ils permettent de distinguer les individus comme des sources de volition différentes; les individus, symétriquement situés, ont les mêmes caractéristiques générales et abstraites, mais sont distincts par leur volonté et leurs revendications.

On doit en conclure qu'ils ne sont pas indiscernables et que leur individualité est préservée. Si logiquement il est vrai que : $\forall x \forall y (\forall P(Px = Py) \leftrightarrow (x = y))$, concrètement il existe au moins une propriété p de P, en l'occurrence la volonté (vouloir la plus grande part de biens premiers), qui, bien qu'identique chez les individus x et y, les distinguent comme des sujets différents, des points de résistance ou, au risque d'abuser de cette référence, des « monades ». La justification contractualiste des principes de justice n'exige rien de plus que cette

1. *Cf.* Rawls, *TJ*, § 1, p. 30.

pluralité de volontés individuelles poursuivant des intérêts communs, et cette condition est bien respectée dans la position originelle.

Les principes de justice choisis par les individus dans la position originelle répondent alors à l'exigence générale de neutralité puisqu'ils ne peuvent favoriser aucun individu ou groupe d'individus en particulier, tous étant interchangeables. Ils garantissent à tous les individus un accès aux biens premiers qui leur permettront de réaliser leur plan de vie conformément à leur conception du bien. Les principes choisis dans la théorie rawlsienne de la justice donnent alors la priorité aux libertés, qui doivent être distribuées de manière égale, sur les biens socio-économiques qui seront répartis selon la règle du maximin, c'est-à-dire selon une inégalité qui est à l'avantage des plus défavorisés [1].

L'INAUTHENTICITÉ DE L'INDIVIDUALISME LIBÉRAL

L'objection de l'indiscernabilité des individus dans la position originelle a été levée, mais cela laisse entier le problème de la définition des individus. Les communautariens soulignent en particulier que le libéralisme, privilégiant une conception atomiste des individus, méconnaît l'articulation fondamentale de l'individu et de la société et ne parvient pas prendre en compte l'inscription de l'individu dans la communauté. Cette faiblesse sociologique de la pensée libérale explique le choix de principes de justice qui donnent la priorité aux libertés individuelles, aux dépens des finalités collectives légitimes. L'application d'une justice libérale procédurale affecte alors profondément les contextes intersubjectifs de formation de l'identité individuelle ; or une théorie qui veut prendre les individus et leurs aspirations au sérieux doit commencer par protéger l'appartenance communautaire, car la communauté constitue le milieu éthique qui non seulement conditionne la vie des individus mais en outre détermine complètement leur identité.

---

1. *Ibid.*, § 11, p. 91.

Pour la pensée politique libérale, selon Sandel, le moi est essentiellement propriétaire : le sujet libéral a des fins x, y et z, qui sont autant de désirs et de préférences, mais il n'est pas x, y et z[1]. Dans ce paradigme du propriétaire, l'individu libéral contemporain se rapporte aux fins qu'il trouve en face de lui, par la médiation d'un choix ; il sélectionne ses fins, s'en rend propriétaire comme autant d'attributs qui n'engagent pas la définition de son moi. Le moi qui opère ce choix est défini indépendamment des fins et on dira, en reprenant la terminologie d'Aristote, qu'il est « antérieur » à ses fins, comme le sujet est antérieur logiquement à ses attributs. Sandel justifie son analyse à partir du texte suivant de *Théorie de la justice* :

> Ce ne sont pas nos fins qui manifestent en premier lieu notre nature, mais les principes que nous accepterions comme leur base : ce sont eux qui commandent les conditions dans lesquelles ces fins doivent prendre forme et être poursuivies. Car le moi est premier par rapport aux fins qu'il défend ; même une fin dominante doit être choisie parmi de nombreuses possibilités[2].

La thèse de l'antériorité du moi signifie que l'identité du moi n'est pas fonction de ses attributs, de ses fins ni d'une conception du bien particulière, mais qu'elle est déterminée antérieurement à son inscription dans le monde social, de manière univoque et définitive. Le moi est « antérieurement individué », ses limites sont fixes mais elles ne sont pas fixées par ses fins, ses attachements, ses amitiés, etc. Dans cette conception propriétariste, l'individu peut changer de fins volontairement, il peut être amené à les réviser en fonction de ses intérêts (ce en quoi consiste l'aspect le plus important de sa rationalité selon Rawls), mais précisément parce qu'il n'en est que le propriétaire, son identité n'est pas engagée par le changement ou la perte de ses fins.

On pourrait objecter que, chez Rawls, la relation qui unit l'individu à certaines fins est nécessaire : c'est le cas des biens premiers, puisque la théorie des biens premiers est précisément élaborée pour identifier les fins instrumentales que tout être rationnel désire nécessairement. En tant qu'il est un être doué de rationalité et désireux de

---

1. Sandel, *Le libéralisme …*, *op. cit.*, p. 48.
2. Rawls, *TJ*, § 85, p. 601.

promouvoir ses propres intérêts, sa conception du bien et son plan de vie, les biens premiers peuvent être considérés comme des fins constitutives; les libertés seraient alors constitutives de l'individu libéral. En réalité, cette objection fournit plusieurs contre-arguments à Sandel. Tout d'abord, si les biens premiers représentent des fins que tout être, en vertu de sa nature rationnelle, désire nécessairement, cela confirme la distance entre le sujet rationnel et les fins qui peuvent sans doute lui être attribuées de manière très étroite mais qui lui restent extérieures [1]. L'individu est donc fondamentalement un « unencumbered self », c'est-à-dire un soi « désincarné » ou « dépouillé » [2]. Ensuite, la relation qui lie le moi à ses fins n'est qu'une nécessité *ex hypothesi* : le sujet rationnel, situé dans les circonstances de la justice, poursuit nécessairement certaines fins, les biens premiers, qui sont autant d'instruments pour effectuer un choix, c'est-à-dire pour poursuivre des fins d'un autre ordre, comme la réalisation d'un plan de vie.

Mais là réside un autre problème : comment une théorie du bien aussi étroite et superficielle que celle des biens premiers pourrait-elle permettre à l'individu de trouver des motifs pour effectuer un choix signifiant? Puisque le moi est dépouillé de tout caractère propre et que le contexte de choix prime tout autre détermination, ce sont les « caractères du contexte » et non les « éléments constitutifs » de l'individu qui déterminent ses choix. Il semble alors tout à fait impossible d'effectuer un choix signifiant qui ne repose pas sur des motifs contingents et qui puisse refléter les caractères propres de l'individu. L'individu est bien l'opérateur d'un choix, mais il n'en est pas authentiquement l'auteur, puisque le choix renvoie finalement toujours à la contingence du contexte et non aux traits constitutifs de son identité. Les seuls motifs disponibles sont dès lors les désirs fondés sur des préférences contingentes et ils ne permettent plus de faire des choix signifiants.

On comprend bien l'avantage d'une telle théorie de l'individu conçu comme un substrat, comme ce qui se tient derrière ses finalités,

---

1. *Ibid.*, p. 72.
2. Voir en particulier Sandel, « La république procédurale et le moi désengagé », dans A. Berten, P. Da Silveira, H. Pourtois (éds.), *Libéraux et communautariens*, Paris, PUF, 1997, p. 255-274.

les soutient dans l'existence mais existe indépendamment d'eux : si le moi est antérieur à ses fins, l'individu ne doit pas choisir des principes de justice qui reflètent une conception particulière du bien, mais il doit choisir des principes qui rendent possible la poursuite de n'importe quelle finalité, selon sa volonté ; le principe de liberté satisfait cette exigence. Sandel oppose alors à ce paradigme volontariste un paradigme cognitiviste : l'individu ne doit pas être compris comme un être séparé de ses fins, capable seulement d'effectuer un choix par un acte de volonté, mais il doit être conçu comme un sujet qui découvre par un acte de réflexion les fins qui sont inscrites en lui par la communauté ; car le moi n'est pas le propriétaire des fins qu'il choisit, au contraire, il est constitué par des fins qui résident dans la communauté, dans son récit historique, ses traditions et ses pratiques. C'est par son inscription dans une communauté de sens que l'individu est susceptible de trouver les éléments de justification et de direction de son action ; les finalités lui sont données et non choisies par lui.

S'appuyant sur l'analyse de l'éthicité (*Sittlichkeit*) par Hegel[1], Taylor soutient dans le même sens que l'individu ne peut se réaliser que lorsqu'il participe à l'esprit d'une société qui le dépasse et le détermine. Si nous ne comprenons plus à présent cette affirmation évidente pour les Anciens, et que nous dirions volontiers holiste, c'est précisément parce que nous sommes prisonniers d'une conception libérale atomiste des rapports que développent les individus entre eux et avec le tout social – de ce point de vue, la théorie rawlsienne de la justice est bien un avatar de la pensée atomiste inaugurée en philosophie politique par Hobbes. Or l'homme est un être capable de penser, d'agir, de décider, de se rapporter aux autres dans un espace de significations partagées. La condition de l'exercice de ces compétences est la maîtrise d'un langage et d'une interprétation du monde qui ne sont pas le résultat de l'activité solipsiste de l'individu, ni de l'action volontaire coordonnée des individus, mais de la vie collective de la communauté.

C'est la communauté comme totalité spirituelle, antérieure à ses parties, qui fournit le vocabulaire, les significations, les concepts

---

1. Ch. Taylor, *Hegel et la société moderne*, trad. fr. J. Brindamour et G. Laforest, Paris, Le Cerf, 1998.

permettant à l'individu de se rapporter à son monde et c'est pourquoi on peut affirmer que «l'identité d'un individu est faite de sa manière particulière de se situer dans son univers culturel»[1]. Les idées implicites d'une société ou le contenu spirituel de la communauté s'expriment dès lors dans des pratiques et des institutions sociales, qui sont le lieu de la vie éthique des individus, de l'éthicité. C'est, selon Taylor, ainsi qu'il faut comprendre la notion d'esprit objectif chez Hegel : «l'esprit de la société est objectivé»[2] dans les pratiques et les institutions sociales. Les pratiques sociales sont alors accomplies par une sorte «d'instinct» qui ne requiert pas la médiation de la subjectivité morale, mais la contraint même quand elle y adhère[3]; et selon Taylor, les normes et les institutions sociales expriment dès lors tout à la fois la vie spirituelle de la société et l'identité profonde des individus qui en sont membres[4].

Parce qu'il méconnaît ce lien substantiel unissant individu et communauté, identité individuelle et vie éthique, le libéralisme soutient une conception de la liberté individuelle qui repose sur l'indifférence des options disponibles et l'interchangeabilité des individus : «Pour celui qui se contente de peser les possibles, ce qui est en cause est le caractère désirable de différentes consommations, à savoir celles qui sont définies par les désirs qu'il a *de facto*»[5]. L'individu libéral, c'est précisément celui qui, séparé de la vie éthique et des repères de sens conférés par la communauté, doit se contenter de peser les possibles, selon ses préférences et ses désirs du moment; l'individualisme libéral consiste alors dans le fait de réclamer, comme une question de justice, le droit, la liberté de jouir de l'objet de son désir, sans entrave communautaire.

---

1. *Ibid.*, p. 87.
2. *Ibid.*, p. 89.
3. Voir sur ce point J.-F. Kervégan, « "La vie éthique perdue dans ses extrêmes …". Scission et réconciliation dans la théorie hégélienne de la "Sittlichkeit" », dans O. Tinland (dir.), *Lectures de Hegel*, Paris, LGF, 2005, p. 288.
4. L'interprétation communautarienne de Hegel est largement contestée; cf. par exemple A. Honneth, *La lutte pour la reconnaissance*, Paris, Le Cerf, 2002, p. 207.
5. C. Taylor, « What is human agency? », dans *Philosophical Papers*, I. *Human Agency and Language*, Cambridge, Cambridge UP, 1985, p. 25.

L'inauthenticité des désirs vient de ce que, dans la société libérale, l'individu a été débarrassé de tous les obstacles et de toutes les contraintes qui donnent un sens à son action, à son mode d'existence. S'appuyant sur l'analyse hégélienne de la liberté absolue des révolutionnaires français[1], Taylor explique que la liberté dans la société contemporaine consiste à ne rien vouloir de particulier sinon la liberté de vouloir pour elle-même. La liberté ne s'auto-détermine même plus puisqu'elle ne se limite plus, ne se nie plus en s'affirmant :

> Le moi qui atteint la liberté par l'élimination de tous les obstacles et de tous les empiètements est un moi sans caractère, et partant, sans but précis[2].

La conséquence de l'égalité libérale et de la liberté absolue est la perte de l'épaisseur du moi, de son authenticité, qui réclame d'être exprimée dans un mode de vie prenant son sens dans l'horizon de la vie éthique partagée. Le moi est dès lors privé de son identité profonde, identité qui est tissée par les valeurs et les expériences communautaires : l'individu perd ce qui fait son individualité. Dans l'ère de l'individualisme libéral, les modes de vie et les conceptions ne sont pas adoptés parce qu'ils ont une valeur – valeur que l'on peut justifier en recourant aux significations sédimentées dans nos pratiques sociales, dans nos traditions – mais ils ont une valeur parce qu'ils sont choisis[3]. Ce renversement dans l'orientation choix-valeur se produit quand l'horizon intersubjectif de constitution du sens disparaît sous les fumées inconstantes des désirs, des préférences et des goûts des individus séparés. Les différences entre les individus libéraux sont indifférentes parce qu'elles sont insignifiantes ; la diversité foisonnante de la société contemporaine s'effondre alors dans l'indistinction des préférences interchangeables d'individus eux-mêmes interchangeables.

Or pour accomplir une véritable évaluation des options disponibles, pour reconquérir son individualité et l'exprimer dans une

---

1. Hegel, *Phénoménologie de l'esprit*, trad. fr. B ; Bourgeois, Paris, Vrin, 2006, p. 497 *sq.*

2. C. Taylor, *Hegel et la société moderne, op. cit.*, p. 157.

3. *Cf.* J.-F. Spitz, *La liberté politique : essai de généalogie conceptuelle*, Paris, PUF, 1995, p. 106-121.

vie autonome, l'individu doit puiser dans les significations communautaires constitutives de son identité. L'authenticité réside précisément dans l'effort d'un soi situé pour interpréter et exprimer son identité profonde constituée des finalités objectives communautaires[1] ; cela implique qu'il faille se détourner des facilités libérales qui encouragent à l'individu à satisfaire des désirs changeants, fugaces et superficiels[2]. C'est ainsi l'appartenance communautaire qui définit authentiquement l'identité individuelle : nous nous individualisons sur le fond intersubjectif des valeurs et de l'histoire partagées.

Dès lors, comme le suggère Sandel, il convient de distinguer les « sentiments communautaires » du « sens de la communauté »[3] : l'individu libéral peut bien développer des sentiments communautaires parce qu'il participe par exemple à la vie collective d'une association, ou parce qu'il a élu une communauté d'appartenance convenant à ses préférences individuelles, pour ne pas dire au gré de sa fantaisie ; il peut bien concevoir des finalités communes et trouver de la satisfaction à partager une vie associative ; du reste, la société libérale n'empêche pas la poursuite d'une vie de partage, de solidarité, et n'encourage pas l'individualisme synonyme d'égoïsme[4]. Mais en dernier ressort, l'individu reste un être dont le destin n'est pas attaché à cette communauté d'élection et dont les fins communautaires, bien qu'elles soient siennes, ne le constitue pas. Or le sens de la communauté n'est pas seulement un sentiment, c'est la médiation qui permet de se percevoir comme fondamentalement constitué par les finalités de la communauté à laquelle on appartient. On ne peut opérer un déplacement de la communauté vers l'association sans perdre du même coup les significations et les pratiques qui dépassent l'individu et ne peuvent être recomposées à partir des conceptions agrégées des individus.

1. C. Taylor, *The Ethics of Anthenticity*, Cambridge (Mass.), Harvard UP, 1992.

2. C. Taylor, *Hegel et la société moderne*, *op. cit.*, p. 157. C'est aussi tout le sens de l'analyse de Ch. Lasch dans *La culture du narcissisme*, trad. fr. M.L. Landa, Castlenau-le-Lez, Climats, 2000.

3. Sandel, *Le libéralisme ...*, *op. cit.*, p. 221.

4. Voir Rawls, « Fairness to Goodness », *Philosophical Review*, 84, 1975, p. 550.

L'INTÉGRATION COMMUNAUTAIRE DE L'INDIVIDU

La critique communautarienne peut paraître salutaire à bien des égards, mais elle repose en fait sur une série de malentendus qu'il nous faut dissiper : tout d'abord, la méthode de justification contractualiste des principes libéraux ne doit pas être comprise comme la tentative de faire dériver la société de la volonté individuelle ; le libéralisme ne considère pas que l'individu soit antérieur à la société, ni même aux finalités sociales, mais seulement qu'il peut prendre de la distance par rapport à elles, ce qu'on appelle liberté. Ensuite, le libéralisme reconnaît, comme le communautarisme, que l'individu acquiert son identité non pas de manière monologique, ni par un choix libre de ses engagements associatifs, mais dans le dialogue permanent qu'il entretient avec autrui. Dans tous les cas, le libéralisme authentique ne privilégie pas une conception atomiste des rapports sociaux.

Comme nous l'avons rappelé, le moment hobbesien consiste dans la résolution du corps politique en ses éléments simples, les individus, afin de construire contractuellement la République. Mais, ici réside une ambiguïté qui affecte la pensée politique moderne : est-ce la société que le philosophe tente de reconstruire à partir des individus, ou plutôt l'État et les règles de leur coopération ? Dans le premier cas, on dérive les phénomènes sociaux des interactions entre les individus séparés, en analysant leur rationalité et leurs motivations, selon la démarche de « l'individualisme méthodologique »[1]. Dans le deuxième cas, on fait simplement abstraction de la société civile historiquement située, afin de découvrir la manière dont les normes politiques légitimes sont produites par un échange de consentement entre des individus dont les rapports ne sont pas encore déterminés par la forme institutionnelle de l'État ; mais il n'est nullement question de produire la société elle-même. La méthode qui permet de justifier les normes politiques légitimes à partir la volonté (rationnelle) des individus est précisément celle du contractualisme, et il est crucial de ne pas la réduire à une forme d'individualisme méthodologique dont l'objet est

---

1. Sur l'individualisme méthodologique, cf. R. Boudon, *Traité de Sociologie*, Paris, PUF, 1992, p. 26-27.

l'explication des phénomènes sociaux à partir de l'interaction des individus rationnels.

Cette mise au point permet d'écarter les objections communautariennes qui prennent appui sur la critique hégélienne du contrat. Les communautariens estimaient que, à l'image du contrat hobbesien, le contrat rawlsien faisait dépendre l'existence de la société des volontés individuelles, ce qui s'expliquait par la méconnaissance libérale de l'enracinement social des individus. Or Rawls reconnaît bien l'antériorité de la société par rapport à l'existence des individus ainsi que la réalité objective de l'État rationnel qui, indépendante de leur conscience, s'impose à eux. Dans sa terminologie, l'État rationnel renvoie à la structure de base d'une société bien ordonnée, c'est-à-dire au système des institutions sociales régi par une conception publique de la justice :

> Dans ma théorie de la justice, je suis Hegel [...] quand j'assume que le premier objet de la justice est la structure de base de la société. Dès le départ, les individus ont des racines sociales ... [1].

Rawls n'a donc pas ignoré la critique hégélienne de l'abstraction libérale et du contractualisme ; aussi ne pense-t-il pas que l'État doive son existence réelle, ni même idéale, au contrat. L'État existe comme un objet qui est réglé par des principes de justice, ou plus précisément par une constitution juste. Rawls pense encore moins que la société puisse être dérivée des interactions individuelles, ni même simplement expliquée par elles, contrairement aux théories de l'individualisme méthodologique.

En revanche, il entend défendre l'idée que la conscience individuelle ne peut se réconcilier avec l'objectivité de l'État que si elle considère les principes de justice qui le gouvernent comme le résultat d'un contrat entre des personnes libres et égales – de ce point de vue, évidemment, Rawls n'est pas hégélien. Ce sont les principes de justice qui font l'objet d'une justification contractualiste, bien qu'ils soient déjà à l'œuvre dans la constitution de l'État. La conséquence pour la conception libérale de l'individu est importante : d'un

---

1. Rawls, *Leçons sur l'histoire de la philosophie morale*, trad. fr. M. Saint-Upéry et B. Guillarme, Paris, La Découverte, 2002, p. 321-363.

côté, l'individu n'est un citoyen libre que s'il peut penser sa liberté juridique comme la réalisation d'une liberté subjective qu'il exerce dans la justification contractualiste des principes; d'un autre côté, il n'est subjectivement libre que s'il appartient déjà à un État qui réalise objectivement la liberté dans les formes extérieures du droit, dans une tradition constitutionnelle démocratique.

Ceci admis, les communautariens objecteront alors que cette société de la liberté reste profondément une société de l'individu séparé, qui ignore les formes collectives de vie et privilégie la poursuite de l'intérêt privé. Cependant, le libéralisme n'est pas du tout opposé à l'idée que les individus ne puissent se réaliser complètement qu'au sein d'«unions sociales» dans lesquelles ils accomplissent leur propre finalité en réalisant les finalités collectives[1]. De fait, Rawls estime que l'individu ne peut développer ses vertus, entendues comme excellences morales, qu'en prenant part à une activité sociale définie par des finalités communes. La vie des institutions publiques et des associations dans la société civile à laquelle participent les individus, représente dès lors un bien en elle-même. Mais comprendre les formes de vie collective sous le paradigme de l'association (privée) qui agrège les individus mais ne les intègre pas, n'est-ce pas une conséquence de l'individualisme libéral? Pour reprendre Sandel, l'individu libéral a sans doute des sentiments communautaires, mais il semble privé du sens de la communauté.

Il convient alors de préciser que le libéralisme rawlsien ne soutient pas que le seul type de vie collective légitime soit associatif, ni même que l'association représente le paradigme théorique pertinent pour analyser toutes les formes de vie communautaire. Les unions sociales, dont la société est l'union de second ordre, sont souvent le fruit de traditions et d'efforts authentiquement collectifs, c'est-à-dire qui transcendent la particularité de l'individu, pour réaliser une conception du bien. Le développement de l'individualité s'effectue sur ce fond communautaire; chaque individu prend conscience de sa propre valeur en participant à la vie d'une communauté qui le dépasse, et en recevant de cette communauté la reconnaissance de sa valeur[2]. Il est

1. Rawls, *TJ*, § 79, p. 566.
2. Rawls, *TJ*, § 67, p. 480.

donc tout à fait erroné de penser que la société libérale est simplement un système de besoins régi par des règles qui favorisent la poursuite individuelle de l'intérêt privé. Mais à la différence du communautarisme, le libéralisme ne considère pas que l'individu soit substantiellement constitué par cette appartenance communautaire. On doit distinguer deux phénomènes : le premier est celui de l'inscription du soi dans un contexte communautaire (*embedded self*); le second est celui de la constitution du moi par la communauté (*constituted self*)[1]. Dans ce cas, l'individu est englouti dans la substance communautaire, dont il internalise les normes, et son identité est déterminée par ses valeurs et ses fins; dans le premier cas, au contraire, il se trouve seulement attaché à une vie communautaire à l'égard de laquelle il maintient une distance critique.

Le libéralisme privilégie cette option-ci et c'est pourquoi l'individu est conçu comme ayant la capacité rationnelle de réviser tout au long de sa vie son projet de vie et sa conception du bien[2]. Son identité n'est pas reçue de la communauté mais elle est façonnée dans un dialogue avec les autres membres; c'est bien sous le regard d'autrui que l'on décide de mener tel genre de vie et que l'on adopte telle conception. La manière dont on se rapporte à autrui et dont autrui définit la valeur de nos décisions conditionne l'authenticité de notre identité et de nos différences. Et c'est précisément parce que les individus ont des attachements communautaires qui définissent au moins partiellement leur identité, qu'ils adoptent le principe d'égale liberté. Dans une société d'unions sociales et de traditions diverses mêlées, le libéralisme se propose simplement de définir les normes qui rendent possible la constitution intersubjective de l'individu.

1. *Cf.* N. Rosenblum, « Pluralism and Self-Defense », dans *Liberalism and the Moral Life*, Cambridge (Mass.), Harvard UP, 1989, p. 219; cf. aussi W. Kymlicka, *Liberalism, Community and Culture*, Oxford, Clarendon Press, 1989.

2. Si l'on ignore cette caractéristique essentielle de l'individu, la frontière entre libéralisme et communautarisme devient floue et on peut commettre le contresens d'interpréter la théorie rawlsienne de la justice comme une théorie communautarienne dans laquelle la justice constitue non seulement la vertu cardinale des individus mais encore l'unique vertu; c'est le contresens que commet R. Alejandro dans *The Limits of Rawlsian Justice*, Baltimore, The Johns Hopkins UP, 1998.

Mais l'individu n'est jamais enfermé dans les choix communautaires, il n'est jamais déterminé par les valeurs collectives. Il préserve ainsi un espace de liberté qui lui permet de se définir authentiquement en utilisant les ressources de la communauté ; cette liberté de se définir sur fond d'appartenance communautaire constitue ainsi l'individu en tant qu'individu. Au fond, et nous conclurons par là, c'est cette liberté historiquement acquise par le développement de la société civile que la théorie libérale de la justice tente de justifier rationnellement en recourant à la méthode philosophique qui met en scène cette figure particulière de l'homme qu'est l'individu : le contrat.

Marc-Antoine DILHAC
Université Paris I

INDEX THÉMATIQUE

PRÉSENTATION DES AUTEURS

Jean-Pascal ANFRAY est Maître de conférences à l'Université de Provence (Aix-Marseille I), ancien élève de l'École Normale Supérieure, agrégé de philosophie. Ses travaux portent sur différents aspects de la métaphysique de Leibniz et ses rapports avec la scolastique médiévale et tardive; ils concernent notamment le temps et les modalités. Auteur de *Qu'est-ce que la nécessité?*, Paris, Vrin, à paraître (2009). Sa thèse de doctorat, *Temps, prescience et contingence. Leibniz et ses antécédents scolastiques*, paraîtra prochainement.

Marc-Antoine DILHAC est Professeur agrégé, ancien Moniteur-ATER à l'Université Paris 1 Panthéon-Sorbonne. Ses recherches en philosophie politique contemporaine portent essentiellement sur l'œuvre de John Rawls, la théorie de l'égalitarisme démocratique, le multiculturalisme et la théorie contractualiste. Il a notamment publié «Discriminations systémiques et égalité des opportunités», *Revue de Philosophie Économique*, n° 15, 2007; «Deux concepts de la tolérance dans le libéralisme politique», *Archives de philosophie du Droit*, n° 49, 2006.

Mildred GALLAND-SZYMKOWIAK ancienne élève de l'École Normale Supérieure, agrégée et docteur en philosophie, ex-boursière de la Fondation Humboldt, est chargée de recherche au CNRS (UMR 7172 ARIAS). Ses recherches portent sur la philosophie de l'idéalisme allemand (ontologie, philosophie de l'art, philosophie politique) et sur l'esthétique en langue allemande entre 1750 et les années 1930, avec un intérêt actuel pour les esthétiques de l'empathie (*Einfühlung*). Elle est l'auteur de *Autrui*, Paris, GF-Flammarion, 1999; d'une traduction des *Écrits philosophiques* de Karl W.F. Solger, Paris, Vrin, à paraître (2009) et de nombreux articles relatifs à la notion de symbole et aux philosophies de Schelling, Hegel et Solger.

Laurent LAVAUD est professeur en Lettres Supérieures au Lycée Joffre de Montpellier, ancien élève de l'École Normale Supérieure, agrégé de philosophie et docteur en philosophie. Ses travaux portent principalement sur l'histoire du néoplatonisme. Il participe à la traduction intégrale des traités de Plotin pour les éditions GF-Flammarion. Il a publié *L'image*, Paris, GF-Flammarion, 1999 ; *D'une métaphysique à l'autre. Figures de l'altérité dans la philosophie de Plotin*, Paris, Vrin, 2008.

Laurent PERREAU est Maître de Conférences à l'Université de Picardie Jules Verne, membre du CURAPP, ancien élève de l'École Normale Supérieure Lettres et Sciences Humaines de Lyon, agrégé de philosophie, docteur en philosophie de l'Université Paris 1 Panthéon-Sorbonne. Ses travaux portent essentiellement sur la phénoménologie et l'épistémologie des sciences sociales. Il est l'auteur d'une thèse intitulée « Le monde social chez Husserl » (à paraître), ainsi que d'articles portant sur les œuvres de E. Husserl et A. Schütz.

Sabine PLAUD est agrégée de philosophie et enseigne à l'Université Paris 1 Panthéon-Sorbonne. Ses travaux portent principalement sur l'œuvre de Ludwig Wittgenstein et sur l'héritage du Cercle de Vienne. Elle s'intéresse également à l'épistémologie et à la théorie de la connaissance, ainsi qu'à la pensée analytique anglo-saxonne du XXe siècle. Outre différents travaux sur Wittgenstein, elle a publié des articles relatifs à la méthode scientifique développée par Ernst Mach.

Ludovic SOUTIF, agrégé de philosophie, docteur en philosophie de l'Université de Paris 1 Panthéon-Sorbonne, effectue actuellement des recherches post-doctorales à l'Université de São Paulo (Brésil). Ses principaux domaines de recherche sont la philosophie de la logique, du langage et de l'esprit, la philosophie analytique en général. Ses recherches portent plus spécialement sur les théories de la perception spatiale, la structure des différentes modalités sensorielles et les approches pragmatiques des contenus sensoriels et sémantiques des états mentaux.

Olivier TINLAND est Maître de Conférences à l'Université Montpellier III-Paul Valéry. Ancien membre de la *Society of Fellows* de l'Université Harvard (États-Unis), il est agrégé de philosophie et docteur en philosophie de l'Université Paris 1 Panthéon-Sorbonne. Ses travaux portent principalement sur la philosophie allemande moderne et contemporaine, ainsi que sur la philosophie sociale et politique du XXe siècle. Il a notamment publié *Guide de préparation au CAPES et à l'Agrégation de Philosophie*, Paris, Ellipses, 2001 ; *Hegel. Maîtrise et servitude*, Paris, Ellipses, 2003 ; *Lectures de Hegel*, Paris, LGF, 2005 ; *Richard Rorty. La contingence libérale*, Paris, Michalon, à paraître.

TABLE DES MATIÈRES

Achevé d'imprimer par Corlet, Imprimeur, S.A. - 14110 Condé-sur-Noireau
N° d'Imprimeur : 118219 - Dépôt légal : décembre 2008 - *Imprimé en France*